TRANZLATY

Language is for everyone

언어는 모든 사람을 위한 것입니다

The Call of the Wild

야생의 부름

Jack London

English / 한국어

Into the Primitive
원시 속으로

Buck did not read the newspapers.
벅은 신문을 읽지 않았다.

Had he read the newspapers he would have known trouble was brewing.
그가 신문을 읽었더라면 문제가 생길 것이라는 걸 알았을 겁니다.

There was trouble not alone for himself, but for every tidewater dog.
문제는 그 자신에게만 있는 것이 아니라 모든 조수 개에게 있었습니다.

Every dog strong of muscle and with warm, long hair was going to be in trouble.
근육이 튼튼하고 털이 따뜻하고 긴 개들은 모두 곤경에 처할 것입니다.

From Puget Bay to San Diego no dog could escape what was coming.
퓨젯 베이에서 샌디에이고까지, 어떤 개도 다가오는 일에서 벗어날 수 없었습니다.

Men, groping in the Arctic darkness, had found a yellow metal.
사람들은 북극의 어둠 속에서 더듬거리다가 노란 금속을 발견했습니다.

Steamship and transportation companies were chasing the discovery.
증기선과 운송 회사들이 그 발견을 추적했습니다.

Thousands of men were rushing into the Northland.
수천 명의 사람들이 북쪽 땅으로 달려갔습니다.

These men wanted dogs, and the dogs they wanted were heavy dogs.
이 남자들은 개를 원했는데, 그들이 원했던 개는 몸집이 큰 개들이었습니다.

Dogs with strong muscles by which to toil.
힘든 일을 할 수 있을 만큼 강한 근육을 가진 개.

Dogs with furry coats to protect them from the frost.
서리로부터 몸을 보호하기 위해 털이 있는 개.

Buck lived at a big house in the sun-kissed Santa Clara Valley.

벅은 햇살이 가득한 산타클라라 밸리의 큰 집에서 살았습니다.

Judge Miller's place, his house was called.

밀러 판사의 집이라고 불렸습니다.

His house stood back from the road, half hidden among the trees.

그의 집은 길에서 멀리 떨어져 있었고, 나무 사이에 반쯤 숨겨져 있었습니다.

One could get glimpses of the wide veranda running around the house.

집 주변에 펼쳐진 넓은 베란다를 엿볼 수 있었습니다.

The house was approached by graveled driveways.

그 집은 자갈길을 따라 접근했습니다.

The paths wound about through wide-spreading lawns.

길은 넓게 펼쳐진 잔디밭 사이로 구불구불하게 이어져 있었습니다.

Overhead were the interlacing boughs of tall poplars.

머리 위로는 키 큰 포플러나무 가지가 서로 얽혀 있었습니다.

At the rear of the house things were on even more spacious.

집 뒤쪽은 훨씬 더 넓었습니다.

There were great stables, where a dozen grooms were chatting

12명의 신랑이 이야기를 나누고 있는 큰 마구간이 있었습니다.

There were rows of vine-clad servants' cottages

포도나무로 덮인 하인들의 오두막이 줄지어 있었습니다.

And there was an endless and orderly array of outhouses

그리고 끝없이 질서정연하게 늘어선 변소들이 있었습니다.

Long grape arbors, green pastures, orchards, and berry patches.

긴 포도 나무, 푸른 목초지, 과수원, 딸기 농장.

Then there was the pumping plant for the artesian well.

그리고 자연 샘물을 위한 펌핑 시설도 있었습니다.

And there was the big cement tank filled with water.

그리고 물이 가득 찬 큰 시멘트 탱크가 있었습니다.

Here Judge Miller's boys took their morning plunge.

여기서 밀러 판사의 아들들이 아침 수영을 했습니다.

And they cooled down there in the hot afternoon too.

그리고 그들은 더운 오후에도 그곳에서 식었습니다.

And over this great domain, Buck was the one who ruled all of it.

그리고 이 광대한 영역 전체를 통치하는 사람은 벅이었습니다.

Buck was born on this land and lived here all his four years.

벅은 이 땅에서 태어나서 4년 동안 이곳에서 살았습니다.

There were indeed other dogs, but they did not truly matter.

물론 다른 개들도 있었지만, 그들은 정말 중요하지 않았습니다.

Other dogs were expected in a place as vast as this one.

이처럼 넓은 장소에는 다른 개들이 있을 것으로 예상되었습니다.

These dogs came and went, or lived inside the busy kennels.

이 개들은 왔다가 갔거나, 바쁜 개집 안에서 살았습니다.

Some dogs lived hidden in the house, like Toots and Ysabel did.

어떤 개들은 투츠와 이사벨처럼 집 안에 숨어서 살았습니다.

Toots was a Japanese pug, Ysabel a Mexican hairless dog.

투츠는 일본산 퍼그이고, 이사벨은 털이 없는 멕시코산 개입니다.

These strange creatures rarely stepped outside the house.

이 이상한 생물들은 집 밖으로 거의 나가지 않았습니다.

They did not touch the ground, nor sniff the open air outside.

그들은 땅을 밟지도 않았고, 바깥 공기를 맡지도 않았습니다.

There were also the fox terriers, at least twenty in number.

또한 폭스 테리어도 있었는데, 그 수가 적어도 20마리는 되었습니다.

These terriers barked fiercely at Toots and Ysabel indoors.

이 테리어들은 집 안에 있는 투츠와 이사벨을 향해 사납게 짖었습니다.

Toots and Ysabel stayed behind windows, safe from harm.

투츠와 이사벨은 창문 뒤에 숨어서 피해를 입지 않았습니다.

They were guarded by housemaids with brooms and mops.

그들은 빗자루와 걸레를 든 하녀들의 보호를 받았습니다.

But Buck was no house-dog, and he was no kennel-dog either.
하지만 벅은 집에서 키우는 개도 아니고, 개집에 있는 개도 아니었습니다.

The entire property belonged to Buck as his rightful realm.
그 재산 전체는 벅의 합법적 영토에 속했습니다.

Buck swam in the tank or went hunting with the Judge's sons.
벅은 탱크에서 수영을 하거나 판사의 아들들과 사냥을 갔습니다.

He walked with Mollie and Alice in the early or late hours.
그는 이른 아침이나 늦은 시간에 몰리와 앨리스와 함께 걸었습니다.

On cold nights he lay before the library fire with the Judge.
추운 밤에는 그는 판사와 함께 도서관 불 앞에 누워 있었습니다.

Buck gave rides to the Judge's grandsons on his strong back.
벅은 튼튼한 등에 판사의 손자들을 태워주었다.

He rolled in the grass with the boys, guarding them closely.
그는 소년들과 함께 풀밭에 뒹굴며 그들을 단단히 지켰다.

They ventured to the fountain and even past the berry fields.
그들은 분수까지 갔고 심지어 베리밭을 지나치기도 했습니다.

Among the fox terriers, Buck walked with royal pride always.
폭스 테리어들 사이에서 벅은 언제나 왕족의 자부심을 가지고 걸었다.

He ignored Toots and Ysabel, treating them like they were air.
그는 투츠와 이사벨을 무시하고 공기처럼 대했습니다.

Buck ruled over all living creatures on Judge Miller's land.
벅은 밀러 판사의 땅에 사는 모든 생물을 다스렸습니다.

He ruled over animals, insects, birds, and even humans.
그는 동물, 곤충, 새, 심지어 인간까지 다스렸습니다.

Buck's father Elmo had been a huge and loyal St. Bernard.
벅의 아버지 엘모는 거대하고 충성스러운 세인트 버나드였습니다.

Elmo never left the Judge's side, and served him faithfully.

엘모는 판사 곁을 떠난 적이 없으며, 충실하게 그를
섬겼습니다.

Buck seemed ready to follow his father's noble example.
벅은 아버지의 고귀한 모범을 따를 준비가 된 것 같았다.

**Buck was not quite as large, weighing one hundred and
forty pounds.**
벅은 그보다 조금 더 컸고, 무게는 140파운드였다.

His mother, Shep, had been a fine Scotch shepherd dog.
그의 어머니 셰프는 훌륭한 스코티시 셰퍼드견이었습니다.

But even at that weight, Buck walked with regal presence.
하지만 그 무게에도 불구하고 벅은 당당한 위엄을 가지고
걸었다.

**This came from good food and the respect he always
received.**
이는 맛있는 음식과 그가 항상 받았던 존경에서
비롯되었습니다.

For four years, Buck had lived like a spoiled nobleman.
4년 동안 벅은 버릇없는 귀족처럼 살았습니다.

He was proud of himself, and even slightly egotistical.
그는 자신을 자랑스러워했고, 심지어 약간은 자만심이
강했습니다.

That kind of pride was common in remote country lords.
그런 종류의 자부심은 멀리 떨어진 시골 영주들에게서 흔히 볼
수 있었습니다.

**But Buck saved himself from becoming pampered house-
dog.**
하지만 벅은 자신을 애지중지하는 집고양이로 전락하는 것을
막았습니다.

He stayed lean and strong through hunting and exercise.
그는 사냥과 운동을 통해 날씬하고 강한 몸매를 유지했습니다.

He loved water deeply, like people who bathe in cold lakes.
그는 차가운 호수에서 목욕하는 사람들처럼 물을 매우
사랑했습니다.

This love for water kept Buck strong, and very healthy.
물을 좋아하는 마음 덕분에 벅은 강하고 매우 건강하게
자랐습니다.

This was the dog Buck had become in the fall of 1897.
벅은 1897년 가을에 이런 개로 변했습니다.

When the Klondike strike pulled men to the frozen North.
클론다이크 파업으로 사람들이 얼어붙은 북쪽으로 이주하게
됐습니다.

People rushed from all over the world into the cold land.
사람들은 전 세계에서 추운 땅으로 몰려들었습니다.

Buck, however, did not read the papers, nor understand news.
하지만 벅은 신문을 읽지 않았고, 뉴스도 이해하지
못했습니다.

He did not know Manuel was a bad man to be around.
그는 마누엘이 주변에 있으면 안 좋은 사람이라는 걸 몰랐다.

Manuel, who helped in the garden, had a deep problem.
정원 일을 돕는 마누엘은 심각한 문제를 안고 있었습니다.

Manuel was addicted to gambling in the Chinese lottery.
마누엘은 중국 복권 도박에 중독되어 있었습니다.

He also believed strongly in a fixed system for winning.
그는 또한 승리를 위한 고정된 시스템을 굳게 믿었습니다.

That belief made his failure certain and unavoidable.
그 믿음이 그의 실패를 확실하고 불가피하게 만들었습니다.

Playing a system demands money, which Manuel lacked.
시스템에 따라 플레이하려면 돈이 필요한데, 마누엘에게는
그게 없었습니다.

His pay barely supported his wife and many children.
그의 급여로는 아내와 많은 아이들을 부양하기 어려웠습니다.

On the night Manuel betrayed Buck, things were normal.
마누엘이 벅을 배신한 밤, 모든 것은 평범했습니다.

The Judge was at a Raisin Growers' Association meeting.
판사는 건포도 재배자 협회 회의에 참석했습니다.

The Judge's sons were busy forming an athletic club then.
그 당시 판사의 아들들은 운동 클럽을 조직하는 데
바빴습니다.

No one saw Manuel and Buck leaving through the orchard.
마누엘과 벅이 과수원을 떠나는 것을 본 사람은 아무도
없었다.

Buck thought this walk was just a simple nighttime stroll.
벅은 이 산책이 단순한 야간 산책일 뿐이라고 생각했습니다.

They met only one man at the flag station, in College Park.

그들은 칼리지 파크의 깃발 역에서 단 한 명의 남자를
만났습니다.

That man spoke to Manuel, and they exchanged money.
그 남자는 마누엘에게 말을 걸었고, 그들은 돈을
교환했습니다.

"Wrap up the goods before you deliver them," he suggested.
"물품을 배달하기 전에 포장하세요."라고 그는 제안했습니다.

The man's voice was rough and impatient as he spoke.
그 남자는 말할 때 거칠고 참을성 없는 목소리로 말했다.

Manuel carefully tied a thick rope around Buck's neck.
마누엘은 벅의 목에 두꺼운 밧줄을 조심스럽게 묶었다.

"Twist the rope, and you'll choke him plenty"
"밧줄을 비틀면 그를 충분히 목졸라 죽일 수 있을 거야"

The stranger gave a grunt, showing he understood well.
낯선 사람은 웅얼거림을 내며 잘 이해했다는 것을 보여주었다.

Buck accepted the rope with calm and quiet dignity that day.
그날 벅은 침착하고 조용한 품위로 밧줄을 받았습니다.

It was an unusual act, but Buck trusted the men he knew.
특이한 행동이었지만 벅은 자신이 아는 사람들을
신뢰했습니다.

He believed their wisdom went far beyond his own
thinking.
그는 그들의 지혜가 자신의 생각을 훨씬 뛰어넘는다고
믿었습니다.

But then the rope was handed to the hands of the stranger.
하지만 그 밧줄은 낯선 사람의 손에 건네졌습니다.

Buck gave a low growl that warned with quiet menace.
벅은 조용한 위협으로 경고하는 낮은 으르렁거림을 냈다.

He was proud and commanding, and meant to show his
displeasure.
그는 거만하고 권위적이었고, 자신의 불만을 표현하고
싶어했습니다.

Buck believed his warning would be understood as an order.
벅은 자신의 경고가 명령으로 받아들여질 것이라고 믿었다.

To his shock, the rope tightened fast around his thick neck.
그는 깜짝 놀랐다. 밧줄이 그의 두꺼운 목을 단단히 조였다.

His air was cut off and he began to fight in a sudden rage.

그의 숨이 끊어지자 그는 갑자기 분노하여 싸우기
시작했습니다.

He sprang at the man, who quickly met Buck in mid-air.
그는 그 남자에게 달려들었고, 그 남자는 공중에서 벅을
빠르게 만났다.

The man grabbed Buck's throat and skillfully twisted him in the air.
그 남자는 벅의 목을 움켜쥐고 능숙하게 그를 공중으로
휘둘렀다.

Buck was thrown down hard, landing flat on his back.
벅은 세게 내던져져 등을 땅에 박았다.

The rope now choked him cruelly while he kicked wildly.
그는 격렬하게 발길질을 하는 동안 밧줄이 잔인하게 그를
질식시켰다.

His tongue fell out, his chest heaved, but gained no breath.
그의 혀가 빠지고, 가슴이 뛰었지만, 숨을 쉴 수 없었다.

He had never been treated with such violence in his life.
그는 평생 그렇게 폭력적인 대우를 받은 적이 없었습니다.

He had also never been filled with such deep fury before.
그는 이전에 그렇게 깊은 분노에 사로잡힌 적이 없었습니다.

But Buck's power faded, and his eyes turned glassy.
하지만 벅의 힘은 약해졌고, 그의 눈은 유리처럼 변했습니다.

He passed out just as a train was flagged down nearby.
그는 근처에서 기차가 정차하는 순간 기절했습니다.

Then the two men tossed him into the baggage car quickly.
그러자 두 남자는 그를 재빨리 짐차에 집어넣었다.

The next thing Buck felt was pain in his swollen tongue.
벅이 느낀 다음 느낌은 부어오른 혀에 느껴지는
통증이었습니다.

He was moving in a shaking cart, only dimly conscious.
그는 흔들리는 수레를 타고 움직이고 있었고, 의식은
희미했습니다.

The sharp scream of a train whistle told Buck his location.
날카로운 기차 기적 소리가 벅의 위치를 알려주었다.

He had often ridden with the Judge and knew the feeling.
그는 종종 판사와 함께 말을 타고 다녔고 그 느낌을 알고
있었습니다.

It was the unique jolt of traveling in a baggage car again.

그것은 다시 한번 수하물 운반차를 타고 여행하는 독특한
충격이었습니다.

Buck opened his eyes, and his gaze burned with rage.
벅은 눈을 떴고, 그의 시선은 분노로 불타올랐다.

This was the anger of a proud king taken from his throne.
이는 왕좌에서 쫓겨난 거만한 왕의 분노였다.

A man reached to grab him, but Buck struck first instead.
한 남자가 그를 붙잡으려고 했지만 벅이 먼저 공격했습니다.

He sank his teeth into the man's hand and held tightly.
그는 그 남자의 손에 이빨을 박고 꽉 잡았다.

He did not let go until he blacked out a second time.
그는 두 번째로 기절할 때까지 놓지 않았습니다.

"Yep, has fits," the man muttered to the baggageman.
"그래, 발작이 일어났지." 그 남자는 짐꾼에게 중얼거렸다.

The baggageman had heard the struggle and come near.
짐꾼이 몸싸움 소리를 듣고 가까이 다가왔습니다.

"I'm taking him to 'Frisco for the boss," the man explained.
"사장님을 만나러 그를 프리스코로 데려갈 거예요." 그 남자가
설명했다.

"There's a fine dog-doctor there who says he can cure them."
"그곳에 훌륭한 개 의사가 있어서 그들을 고칠 수 있다고
합니다."

Later that night the man gave his own full account.
그날 밤 늦게 그 남자는 자신의 모든 사실을 진술했습니다.

He spoke from a shed behind a saloon on the docks.
그는 부두의 술집 뒤에 있는 창고에서 연설했다.

"All I was given was fifty dollars," he complained to the
saloon man.
그는 술집 주인에게 "제가 받은 건 겨우 50달러뿐이에요"라고
불평했다.

"I wouldn't do it again, not even for a thousand in cold
cash."
"다시는 그런 짓은 하지 않을 거예요. 천만 원의 현금을 준다고
해도요."

His right hand was tightly wrapped in a bloody cloth.
그의 오른손은 피 묻은 천으로 단단히 감싸져 있었습니다.

His trouser leg was torn wide open from knee to foot.
그의 바지 다리는 무릎부터 발끝까지 찢어져 있었습니다.

"How much did the other mug get paid?" asked the saloon man.

"다른 놈은 얼마 받았지?" 술집 주인이 물었다.

"A hundred," the man replied, "he wouldn't take a cent less."

"100달러면 한 푼도 덜 받지 않겠어요." 그 남자가 대답했다.

"That comes to a hundred and fifty," the saloon man said.

"그럼 150이 되는군요." 술집 주인이 말했다.

"And he's worth it all, or I'm no better than a blockhead."

"그가 그 모든 것의 가치가 있다면, 그렇지 않다면 나는 멍청이에 불과할 거야."

The man opened the wrappings to examine his hand.

그 남자는 포장을 뜯어 자신의 손을 살펴보았다.

The hand was badly torn and crusted in dried blood.

손은 심하게 찢어졌고 마른 피로 딱딱하게 굳어 있었습니다.

"If I don't get the hydrophobia..." he began to say.

"내가 공수증에 걸리지 않는다면..." 그는 말을 시작했다.

"It'll be because you were born to hang," came a laugh.

"그건 네가 교수형에 처해지기 위해 태어났기 때문이겠지." 웃음이 터져 나왔다.

"Come help me out before you get going," he was asked.

"떠나기 전에 좀 도와주세요." 그가 부탁을 받았습니다.

Buck was in a daze from the pain in his tongue and throat.

벅은 혀와 목의 통증으로 멍해졌습니다.

He was half-strangled, and could barely stand upright.

그는 반쯤 목이 졸려 있었고, 제대로 서 있기도 힘들었습니다.

Still, Buck tried to face the men who had hurt him so.

그럼에도 불구하고 벅은 자신을 그렇게 다치게 한 사람들과 마주하려고 노력했습니다.

But they threw him down and choked him once again.

하지만 그들은 그를 다시 쓰러뜨리고 목을 조르더군요.

Only then could they saw off his heavy brass collar.

그제서야 그들은 그의 무거운 황동 칼라를 떼어낼 수 있었습니다.

They removed the rope and shoved him into a crate.

그들은 밧줄을 제거하고 그를 상자 속으로 밀어 넣었다.

The crate was small and shaped like a rough iron cage.

상자는 작았고 거친 철제 우리 모양이었습니다.

Buck lay there all night, filled with wrath and wounded pride.

벅은 밤새도록 거기에 누워 분노와 상처받은 자존심에 가득 차 있었습니다.

He could not begin to understand what was happening to him.

그는 자신에게 무슨 일이 일어나고 있는지 이해할 수 없었습니다.

Why were these strange men keeping him in this small crate?

이 이상한 남자들은 왜 그를 작은 상자에 가두었을까요?

What did they want with him, and why this cruel captivity?

그들은 그에게서 무엇을 원했고, 왜 이런 잔혹한 포로 생활을 했을까?

He felt a dark pressure; a sense of disaster drawing closer.

그는 어두운 압박감을 느꼈다. 재앙이 다가오는 느낌이 들었다.

It was a vague fear, but it settled heavily on his spirit.

그것은 막연한 두려움이었지만, 그의 정신에 깊이 자리 잡았습니다.

Several times he jumped up when the shed door rattled.

창고 문이 덜컹거리자 그는 몇 번이나 뛰어올랐다.

He expected the Judge or the boys to appear and rescue him.

그는 판사나 소년들이 나타나서 자신을 구해줄 것으로 기대했습니다.

But only the saloon-keeper's fat face peeked inside each time.

하지만 그때마다 술집 주인의 뚱뚱한 얼굴만이 들여다보였다.

The man's face was lit by the dim glow of a tallow candle.

그 남자의 얼굴은 쇠기름 촛불의 희미한 빛으로 밝혀져 있었습니다.

Each time, Buck's joyful bark changed to a low, angry growl.

그때마다 벅의 즐거운 짖는 소리는 낮고 화난 으르렁거림으로 바뀌었다.

The saloon-keeper left him alone for the night in the crate

술집 주인은 그를 밤새도록 상자에 혼자 두었습니다.

But when he awoke in the morning more men were coming.

하지만 아침에 깨어나 보니 더 많은 사람들이 오고
있었습니다.

Four men came and gingerly picked up the crate without a
word.

네 명의 남자가 와서 아무 말 없이 조심스럽게 상자를 집어
올렸습니다.

Buck knew at once the situation he found himself in.

벅은 자신이 처한 상황을 즉시 알아챘다.

They were further tormentors that he had to fight and fear.

그들은 그가 싸우고 두려워해야 할 더욱 큰 괴롭힘이었습니다.

These men looked wicked, ragged, and very badly groomed.

이 남자들은 사악하고, 초라하고, 매우 형편없이 차려입은
모습이었습니다.

Buck snarled and lunged at them fiercely through the bars.

벅은 으르렁거리며 창살 너머로 그들에게 사납게 달려들었다.

They just laughed and jabbed at him with long wooden
sticks.

그들은 그저 웃으며 긴 나무막대기로 그를 찔렀습니다.

Buck bit at the sticks, then realized that was what they liked.

벅은 막대기를 물어뜯다가 그것이 그들이 좋아하는 것이라는
걸 깨달았습니다.

So he lay down quietly, sullen and burning with quiet rage.

그래서 그는 조용히 누워서 침울한 표정으로 조용한 분노에
불타올랐습니다.

They lifted the crate into a wagon and drove away with him.

그들은 상자를 마차에 싣고 그를 데리고 떠났다.

The crate, with Buck locked inside, changed hands often.

벅이 갇혀 있는 상자는 자주 주인이 바뀌었다.

Express office clerks took charge and handled him briefly.

택배 사무실 직원들이 책임을 맡아 그를 잠깐 처리했습니다.

Then another wagon carried Buck across the noisy town.

그리고 또 다른 마차가 벅을 시끄러운 마을을 가로질러
태워갔다.

A truck took him with boxes and parcels onto a ferry boat.

트럭이 그를 상자와 소포를 실은 채 페리보트에 실어 날랐다.

After crossing, the truck unloaded him at a rail depot.

그는 강을 건너 철도 차량기지에서 트럭으로 내렸다.

At last, Buck was placed inside a waiting express car.

마침내 벅은 대기하고 있던 급행열차에 태워졌습니다.

For two days and nights, trains pulled the express car away.
이틀 밤낮으로 기차가 급행차를 끌고 나갔습니다.

Buck neither ate nor drank during the whole painful journey.
벅은 고통스러운 여행 내내 아무것도 먹지 않고 마시지도 않았습니다.

When the express messengers tried to approach him, he growled.
급행사원들이 그에게 다가가려고 하자 그는 으르렁거렸다.

They responded by mocking him and teasing him cruelly.
그들은 그를 조롱하고 잔인하게 놀림으로써 대응했습니다.

Buck threw himself at the bars, foaming and shaking
벅은 막대에 몸을 던지고 거품을 내며 몸을 떨었습니다.

they laughed loudly, and taunted him like schoolyard bullies.
그들은 큰 소리로 웃으며, 학교 괴롭힘꾼처럼 그를 놀렸다.

They barked like fake dogs and flapped their arms.
그들은 가짜 개처럼 짖으며 팔을 퍼덕였다.

They even crowed like roosters just to upset him more.
그들은 그를 더욱 화나게 하기 위해 수탉처럼 울부짖기도 했습니다.

It was foolish behavior, and Buck knew it was ridiculous.
그것은 어리석은 행동이었고, 벅은 그것이 터무니없다는 것을 알고 있었습니다.

But that only deepened his sense of outrage and shame.
하지만 그것은 그의 분노와 수치심을 더욱 깊게 할 뿐이었습니다.

He was not bothered much by hunger during the trip.
그는 여행하는 동안 배고픔을 크게 느끼지 않았습니다.

But thirst brought sharp pain and unbearable suffering.
하지만 갈증은 극심한 통증과 견딜 수 없는 고통을 가져왔습니다.

His dry, inflamed throat and tongue burned with heat.
그의 건조하고 염증이 있는 목과 혀는 열로 인해 타올랐다.

This pain fed the fever rising within his proud body.
이 고통은 그의 거만한 몸 속에서 치솟는 열을 더욱 부추겼다.

Buck was thankful for one single thing during this trial.

벅은 이 시련 동안 단 한 가지에 대해서만 감사했습니다.

The rope had been removed from around his thick neck.

그의 두꺼운 목에 감긴 밧줄이 제거되었습니다.

The rope had given those men an unfair and cruel advantage.

그 밧줄은 그 남자들에게 불공평하고 잔인한 이점을 제공했습니다.

Now the rope was gone, and Buck swore it would never return.

이제 밧줄은 사라졌고, 벅은 그것이 다시는 돌아오지 않을 것이라고 맹세했습니다.

He resolved no rope would ever go around his neck again.

그는 다시는 자신의 목에 밧줄을 두르지 않겠다고 결심했습니다.

For two long days and nights, he suffered without food.

그는 긴 이틀 밤낮으로 아무것도 먹지 못하고 고생했습니다.

And in those hours, he built up an enormous rage inside.

그리고 그 시간 동안 그는 엄청난 분노를 품게 되었습니다.

His eyes turned bloodshot and wild from constant anger.

그의 눈은 끊임없는 분노로 인해 충혈되고 사납게 변했습니다.

He was no longer Buck, but a demon with snapping jaws.

그는 더 이상 버크가 아니라, 딱딱거리는 턱을 가진 악마가 되었습니다.

Even the Judge would not have known this mad creature.

심지어 판사조차도 이 미친 생물을 알아보지 못했을 것이다.

The express messengers sighed in relief when they reached Seattle

급행 배달원들은 시애틀에 도착하자 안도의 한숨을 쉬었다.

Four men lifted the crate and brought it to a back yard.

네 명의 남자가 상자를 들어올려 뒷마당으로 가져왔습니다.

The yard was small, surrounded by high and solid walls.

마당은 작았고, 높고 튼튼한 벽으로 둘러싸여 있었습니다.

A big man stepped out in a sagging red sweater shirt.

늘어진 붉은 스웨터 셔츠를 입은 큰 남자가 나왔다.

He signed the delivery book with a thick and bold hand.

그는 두껍고 굵은 글씨로 납품서에 서명했다.

Buck sensed at once that this man was his next tormentor.

벅은 이 남자가 자신을 괴롭히는 다음 대상이라는 것을 즉시 감지했습니다.

He lunged violently at the bars, eyes red with fury.

그는 맹렬하게 쇠창살을 향해 달려들었고, 눈은 분노로 붉어졌다.

The man just smiled darkly and went to fetch a hatchet.

그 남자는 그저 어두운 미소를 지으며 도끼를 가져오러 갔다.

He also brought a club in his thick and strong right hand.

그는 두껍고 강한 오른손에 몽둥이를 들고 있었습니다.

"You going to take him out now?" the driver asked, concerned.

운전사는 걱정스러운 듯이 "지금 그를 데리고 나갈 건가요?"라고 물었다.

"Sure," said the man, jamming the hatchet into the crate as a lever.

"물론이죠." 그 남자는 도끼를 상자에 지렛대 삼아 꽂으며 말했다.

The four men scattered instantly, jumping up onto the yard wall.

네 남자는 즉시 흩어져 마당 담 위로 뛰어올랐다.

From their safe spots above, they waited to watch the spectacle.

그들은 위쪽의 안전한 장소에서 그 광경을 지켜보았습니다.

Buck lunged at the splintered wood, biting and shaking fiercely.

벅은 쪼개진 나무에 달려들어 사납게 물고 흔들었다.

Each time the hatchet hit the cage), Buck was there to attack it.

도끼가 우리를 칠 때마다 벅이 우리를 공격했습니다.

He growled and snapped with wild rage, eager to be set free.

그는 으르렁거리고 격노하여 자유로워지고 싶어 안달이 났다.

The man outside was calm and steady, intent on his task.

밖에 있는 남자는 침착하고 안정적이었으며, 자신의 임무에 집중하고 있었습니다.

"Right then, you red-eyed devil," he said when the hole was large.

"그럼, 붉은 눈의 악마야." 구멍이 커졌을 때 그는 말했다.

He dropped the hatchet and took the club in his right hand.

그는 도끼를 떨어뜨리고 오른손에 곤봉을 쥐었다.

Buck truly looked like a devil; eyes bloodshot and blazing.
벅은 정말 악마 같았습니다. 눈은 충혈되어 불타오르고 있었습니다.

His coat bristled, foam frothed at his mouth, eyes glinting.
그의 털은 뻣뻣해지고, 입에서는 거품이 솟아오르고, 눈은 반짝였다.

He bunched his muscles and sprang straight at the red sweater.
그는 근육을 움츠리고 빨간 스웨터를 향해 곧장 달려들었다.

One hundred and forty pounds of fury flew at the calm man.
침착한 남자에게 140파운드의 분노가 날아들었다.

Just before his jaws clamped shut, a terrible blow struck him.
그의 턱이 닫히기 직전, 끔찍한 타격이 그에게 가해졌습니다.

His teeth snapped together on nothing but air
그의 이빨은 공기 외에는 아무것도 없이 딱딱 부딪혔다.

a jolt of pain reverberated through his body
그의 몸에는 고통의 충격이 울려 퍼졌다

He flipped midair and crashed down on his back and side.
그는 공중에서 뒤집어져 등과 옆구리를 땅에 박살냈다.

He had never before felt a club's blow and could not grasp it.
그는 이전에 곤봉의 타격을 느껴본 적이 없었고 그것을 이해할 수도 없었다.

With a shrieking snarl, part bark, part scream, he leaped again.
그는 비명과 짖는 소리, 비명과도 같은 괴성을 지르며 다시 뛰어올랐습니다.

Another brutal strike hit him and hurled him to the ground.
또다시 잔혹한 일격이 그를 강타하여 땅에 쓰러뜨렸다.

This time Buck understood—it was the man's heavy club.
이번에는 벅이 깨달았다. 그것은 그 남자가 들고 있던 무거운 곤봉이었다.

But rage blinded him, and he had no thought of retreat.
하지만 분노가 그를 눈멀게 했고, 후퇴할 생각은 전혀 없었다.

Twelve times he launched himself, and twelve times he fell.
그는 12번이나 뛰어올랐고, 12번이나 떨어졌습니다.

The wooden club smashed him each time with ruthless, crushing force.

그때마다 나무 곤봉은 무자비하고 파괴적인 힘으로 그를 내리쳤다.

After one fierce blow, he staggered to his feet, dazed and slow.

그는 강력한 타격을 한 번 받은 후 비틀거리며 일어섰는데, 멍하고 움직임이 느렸다.

Blood ran from his mouth, his nose, and even his ears.

그의 입, 코, 심지어 귀에서도 피가 흘러내렸습니다.

His once-beautiful coat was smeared with bloody foam.

한때 아름다웠던 그의 털은 피 묻은 거품으로 얼룩져 있었습니다.

Then the man stepped up and struck a wicked blow to the nose.

그러자 그 남자가 앞으로 나서서 코를 사악하게 내리쳤다.

The agony was sharper than anything Buck had ever felt.

그 고통은 벅이 느껴본 어떤 고통보다 더 극심했습니다.

With a roar more beast than dog, he leaped again to attack.

그는 개보다 짐승에 가까운 포효와 함께 다시 공격하려고 뛰어올랐다.

But the man caught his lower jaw and twisted it backward.

그런데 그 남자는 그의 아래턱을 잡아 뒤로 비틀었다.

Buck flipped head over heels, crashing down hard again.

벅은 머리 위로 뒤집어져서 다시 세게 떨어졌다.

One final time, Buck charged at him, now barely able to stand.

벅은 마지막으로 그에게 달려들었고, 이제는 서 있기도 힘들어졌습니다.

The man struck with expert timing, delivering the final blow.

그 남자는 뛰어난 타이밍으로 마지막 일격을 가했다.

Buck collapsed in a heap, unconscious and unmoving.

벅은 의식을 잃고 움직이지 못한 채 쓰러졌습니다.

"He's no slouch at dog-breaking, that's what I say," a man yelled.

"그는 개 훈련에 능숙한 사람이에요, 제 말은요." 한 남자가 소리쳤다.

"Druther can break the will of a hound any day of the week."

"드루더는 일주일 중 언제든지 사냥개의 의지를 꺾을 수 있어요."

"And twice on a Sunday!" added the driver.

운전사는 "그리고 일요일에도 두 번이나!"라고 덧붙였다.

He climbed into the wagon and cracked the reins to leave.

그는 마차에 올라타 고삐를 당겨 떠났다.

Buck slowly regained control of his consciousness

벅은 천천히 자신의 의식을 되찾았습니다.

but his body was still too weak and broken to move.

하지만 그의 몸은 여전히 너무 약하고 망가져서 움직일 수 없었습니다.

He lay where he had fallen, watching the red-sweatered man.

그는 쓰러진 자리에 누워서 빨간 스웨터를 입은 남자를 지켜보고 있었다.

"He answers to the name of Buck," the man said, reading aloud.

"그는 벅이라는 이름을 따릅니다." 그 남자는 큰 소리로 읽으며 말했다.

He quoted from the note sent with Buck's crate and details.

그는 벅의 상자와 함께 보낸 메모에서 자세한 내용을 인용했다.

"Well, Buck, my boy," the man continued with a friendly tone,

"그래, 벅, 내 아들아." 그 남자는 친절한 어조로 말을 이었다.

"we've had our little fight, and now it's over between us."

"우리가 잠깐 싸웠는데, 이제 우리 사이는 끝났어."

"You've learned your place, and I've learned mine," he added.

그는 "당신은 당신의 위치를 알게 되었고, 나는 내 위치를 알게 되었습니다"라고 덧붙였다.

"Be good, and all will go well, and life will be pleasant."

"착하게 지내면 모든 게 잘 될 거고, 인생은 즐거울 거야."

"But be bad, and I'll beat the stuffing out of you, understand?"

"하지만 나쁜 짓을 하면, 내가 너를 혼내줄게, 알겠어?"

As he spoke, he reached out and patted Buck's sore head.
그는 말하면서 손을 내밀어 벅의 아픈 머리를 쓰다듬었다.

Buck's hair rose at the man's touch, but he didn't resist.
남자의 손길에 벅의 머리카락이 곤두섰지만 그는 저항하지 않았다.

The man brought him water, which Buck drank in great gulps.
그 남자는 벅에게 물을 가져다 주었고, 벅은 그것을 크게 벌컥벌컥 마셨다.

Then came raw meat, which Buck devoured chunk by chunk.
그다음에는 날고기가 나왔는데, 벅은 그것을 조각조각 먹어치웠다.

He knew he was beaten, but he also knew he wasn't broken.
그는 자신이 패배했다는 것을 알았지만, 무너지지 않았다는 것도 알았습니다.

He had no chance against a man armed with a club.
그는 곤봉을 든 남자에게 대항할 수 없었다.

He had learned the truth, and he never forgot that lesson.
그는 진실을 깨달았고, 그 교훈을 결코 잊지 않았습니다.

That weapon was the beginning of law in Buck's new world.
그 무기는 벅의 새로운 세상에서 법의 시작이었습니다.

It was the start of a harsh, primitive order he could not deny.
그것은 그가 거부할 수 없는 가혹하고 원시적인 질서의 시작이었습니다.

He accepted the truth; his wild instincts were now awake.
그는 진실을 받아들였습니다. 그의 거친 본능이 이제 깨어났습니다.

The world had grown harsher, but Buck faced it bravely.
세상은 더욱 가혹해졌지만, 벅은 용감하게 맞섰습니다.

He met life with new caution, cunning, and quiet strength.
그는 새로운 조심성과 교활함, 그리고 조용한 힘으로 삶에 맞섰습니다.

More dogs arrived, tied in ropes or crates like Buck had been.
더 많은 개들이 밧줄이나 상자에 묶인 채로 도착했습니다.

Some dogs came calmly, others raged and fought like wild beasts.

어떤 개들은 차분하게 다가왔고, 어떤 개들은 맹수처럼 격노하며 싸웠습니다.

All of them were brought under the rule of the red-sweatered man.

그들 모두는 붉은 스웨터를 입은 남자의 지배를 받게 되었습니다.

Each time, Buck watched and saw the same lesson unfold.

그때마다 벅은 똑같은 교훈이 펼쳐지는 것을 지켜보았습니다.

The man with the club was law; a master to be obeyed.

곤봉을 든 남자는 법이었고, 복종해야 할 주인이었습니다.

He did not need to be liked, but he had to be obeyed.

그는 좋아할 필요는 없었지만, 복종은 필요했습니다.

Buck never fawned or wagged like the weaker dogs did.

벅은 약한 개들처럼 아첨하거나 꼬리를 흔들지 않았습니다.

He saw dogs that were beaten and still licked the man's hand.

그는 구타당한 개들이 여전히 그 남자의 손을 핥는 것을 보았습니다.

He saw one dog who would not obey or submit at all.

그는 전혀 복종하거나 복종하지 않는 개 한 마리를 보았습니다.

That dog fought until he was killed in the battle for control.

그 개는 통제권을 놓고 싸우다가 죽을 때까지 싸웠습니다.

Strangers would sometimes come to see the red-sweatered man.

낯선 사람들이 가끔 빨간 스웨터를 입은 남자를 보러 오곤 했습니다.

They spoke in strange tones, pleading, bargaining, and laughing.

그들은 이상한 어조로 애원하고, 흥정하고, 웃으며 말했다.

When money was exchanged, they left with one or more dogs.

돈을 교환한 뒤, 그들은 한 마리 이상의 개를 데리고 떠났습니다.

Buck wondered where these dogs went, for none ever returned.

벅은 이 개들이 어디로 갔는지 궁금했습니다. 아무도 돌아오지 않았거든요.

fear of the unknown filled Buck every time a strange man came
낯선 남자가 나타날 때마다 벅은 미지의 두려움에 사로잡혔다.

he was glad each time another dog was taken, rather than himself.
그는 자신이 아닌 다른 개가 데려가질 때마다 기뻤습니다.

But finally, Buck's turn came with the arrival of a strange man.
하지만 마침내 벅의 차례가 왔고, 낯선 남자가 나타났습니다.

He was small, wiry, and spoke in broken English and curses.
그는 키가 작고, 힘없었으며, 엉터리 영어와 욕설로 말했습니다.

"Sacredam!" he yelled when he laid eyes on Buck's frame.
그는 벅의 몸을 보자마자 "신성하다!"고 소리쳤다.

"That's one damn bully dog! Eh? How much?" he asked aloud.
"이거 진짜 깡패 개잖아! 응? 얼마야?" 그가 큰 소리로 물었다.

"Three hundred, and he's a present at that price,"
"300달러면 그 가격에 선물이 되는 셈이죠."

"Since it's government money, you shouldn't complain, Perrault."
"정부 돈이니까 불평할 필요는 없지, 페로."

Perrault grinned at the deal he had just made with the man.
페로는 그 남자와 방금 한 거래를 보고 싱긋이 웃었다.

The price of dogs had soared due to the sudden demand.
급격한 수요 증가로 인해 개 가격이 급등했습니다.

Three hundred dollars wasn't unfair for such a fine beast.
그렇게 훌륭한 짐승에게 300달러는 불공평한 게 아니었습니다.

The Canadian Government would not lose anything in the deal
캐나다 정부는 이 거래에서 아무것도 잃지 않을 것입니다.

Nor would their official dispatches be delayed in transit.
공식적인 발송도 운송 중에 지연되지 않을 것입니다.

Perrault knew dogs well, and could see Buck was something rare.
페로는 개를 잘 알았고, 벅이 희귀한 존재라는 걸 알 수 있었습니다.

"One in ten ten-thousand," he thought, as he studied Buck's build.
그는 벅의 체격을 살펴보며 "만분의 1이겠지."라고 생각했습니다.

Buck saw the money change hands, but showed no surprise.
벅은 돈이 바뀌는 것을 보았지만 놀라지 않았습니다.

Soon he and Curly, a gentle Newfoundland, were led away.
곧 그와 뉴펀들랜드종 컬리는 끌려나갔습니다.

They followed the little man from the red sweater's yard.
그들은 빨간 스웨터를 입은 그 작은 남자를 따라 마당으로 나갔습니다.

That was the last Buck ever saw of the man with the wooden club.
그것이 벅이 나무 곤봉을 든 남자를 본 마지막 장면이었다.

From the Narwhal's deck he watched Seattle fade into the distance.
그는 나르월의 갑판에서 시애틀이 멀어져 가는 것을 지켜보았습니다.

It was also the last time he ever saw the warm Southland.
그것은 또한 그가 따뜻한 사우스랜드를 본 마지막 순간이기도 했습니다.

Perrault took them below deck, and left them with François.
페로는 그들을 갑판 아래로 데려가 프랑수아에게 맡겼다.

François was a black-faced giant with rough, calloused hands.
프랑수아는 얼굴이 검고 손이 거칠고 굳은살이 박힌 거인이었습니다.

He was dark and swarthy; a half-breed French-Canadian.
그는 피부가 검고 거무스름한 프랑스-캐나다 혼혈이었습니다.

To Buck, these men were of a kind he had never seen before.
벅에게 이 남자들은 그가 전에 한 번도 본 적이 없는 사람들이었다.

He would come to know many such men in the days ahead.
그는 앞으로 그런 남자들을 많이 만나게 될 것이다.

He did not grow fond of them, but he came to respect them.
그는 그들을 좋아하지는 않았지만 존경하게 되었다.

They were fair and wise, and not easily fooled by any dog.

그들은 공정하고 현명했으며, 어떤 개에게도 쉽게 속지
않았습니다.

They judged dogs calmly, and punished only when deserved.

그들은 개를 차분하게 판단하고, 처벌할 만한 경우에만
처벌했습니다.

In the Narwhal's lower deck, Buck and Curly met two dogs.

나월호의 아랫갑판에서 벅과 컬리는 두 마리의 개를
만났습니다.

One was a large white dog from far-off, icy Spitzbergen.

그 중 하나는 멀리 떨어진 얼음 속의 스피츠베르겐에서 온
크고 하얀 개였습니다.

He'd once sailed with a whaler and joined a survey group.

그는 한때 고래잡이배에서 항해를 했고 조사 그룹에
참여했습니다.

He was friendly in a sly, underhanded and crafty fashion.

그는 교활하고, 은밀하고, 교활한 방식으로 친절했습니다.

At their first meal, he stole a piece of meat from Buck's pan.

첫 식사 때 그는 벅의 냄비에서 고기 한 조각을 훔쳤습니다.

Buck jumped to punish him, but François's whip struck first.

벅은 그를 처벌하려고 뛰어들었지만 프랑수아의 채찍이 먼저
날아들었다.

The white thief yelped, and Buck reclaimed the stolen bone.

백인 도둑이 비명을 지르자, 벅은 훔친 뼈를 되찾았습니다.

That fairness impressed Buck, and François earned his respect.

벅은 그 공정함에 깊은 인상을 받았고, 프랑수아는 벅의
존경을 받았습니다.

The other dog gave no greeting, and wanted none in return.

다른 개는 인사도 하지 않았고, 보답도 원하지 않았습니다.

He didn't steal food, nor sniff at the new arrivals with interest.

그는 음식을 훔치지도 않았고, 새로 온 사람들을 흥미롭게
냄새 맡지도 않았습니다.

This dog was grim and quiet, gloomy and slow-moving.

이 개는 험악하고 조용했으며, 우울하고 느리게 움직였습니다.

He warned Curly to stay away by simply glaring at her.

그는 컬리에게 그녀를 노려보며 다가오지 말라고 경고했다.

His message was clear; leave me alone or there'll be trouble.

그의 메시지는 명확했습니다. 나를 내버려 두지 않으면 문제가
생길 거야.

He was called Dave, and he barely noticed his surroundings.

그는 데이브라고 불렸고, 주변 환경에 거의 신경 쓰지
않았습니다.

He slept often, ate quietly, and yawned now and again.

그는 자주 잠을 자고, 조용히 먹었고, 가끔씩 하품을 했습니다.

The ship hummed constantly with the beating propeller below.

배는 아래에서 프로펠러를 계속 돌리며 끊임없이 윙윙거렸다.

Days passed with little change, but the weather got colder.

시간이 흘러도 별 변화가 없었지만, 날씨는 점점
추워졌습니다.

Buck could feel it in his bones, and noticed the others did too.

벅은 그것을 자신의 뼈에서 느낄 수 있었고, 다른 사람들도
그것을 느꼈다는 것을 알았습니다.

Then one morning, the propeller stopped and all was still.

그러던 어느 날 아침, 프로펠러가 멈추고 모든 것이
고요해졌습니다.

An energy swept through the ship; something had changed.

배 전체에 에너지가 휩쓸렸습니다. 무언가가 바뀌었습니다.

François came down, clipped them on leashes, and brought them up.

프랑수아가 내려와서 그들을 끈으로 묶고 데리고
올라왔습니다.

Buck stepped out and found the ground soft, white, and cold.

벅은 밖으로 나가서 땅이 부드럽고 하얗고 차가워진 것을
발견했습니다.

He jumped back in alarm and snorted in total confusion.

그는 놀라서 뒤로 물러섰고, 완전히 혼란스러워서 코웃음을
쳤다.

Strange white stuff was falling from the gray sky.

이상한 흰색 물질이 회색 하늘에서 떨어지고 있었습니다.

He shook himself, but the white flakes kept landing on him.

그는 몸을 흔들었지만 하얀 눈송이가 계속해서 그에게 떨어졌습니다.

He sniffed the white stuff carefully and licked at a few icy bits.

그는 흰 물질을 조심스럽게 냄새 맡고 얼음 조각 몇 개를 핥았습니다.

The powder burned like fire, then vanished right off his tongue.

그 가루는 불처럼 타오르더니 그의 혀에서 바로 사라졌다.

Buck tried again, puzzled by the odd vanishing coldness.

벅은 이상하게도 차가움이 사라져서 당황하며 다시 시도했다.

The men around him laughed, and Buck felt embarrassed.

주변 남자들은 웃었고, 벅은 당황했다.

He didn't know why, but he was ashamed of his reaction.

그는 왜 그런지는 몰랐지만, 자신의 반응이 부끄러웠다.

It was his first experience with snow, and it confused him.

그는 처음으로 눈을 경험했고, 그것은 그를 혼란스럽게 했습니다.

The Law of Club and Fang
곤봉과 송곳니의 법칙

Buck's first day on the Dyea beach felt like a terrible nightmare.

벅이 다이아 해변에서 보낸 첫날은 끔찍한 악몽 같았다.

Each hour brought new shocks and unexpected changes for Buck.

벅은 매 시간마다 새로운 충격과 예상치 못한 변화를 겪었습니다.

He had been pulled from civilization and thrown into wild chaos.

그는 문명에서 끌려나와 혼란스러운 세상으로 내던져졌습니다.

This was no sunny, lazy life with boredom and rest.

이것은 지루함과 휴식이 있는 밝고 나른한 삶이 아니었습니다.

There was no peace, no rest, and no moment without danger.

평화도 없고, 휴식도 없고, 위험 없는 순간도 없었습니다.

Confusion ruled everything, and danger was always close.

혼란이 모든 것을 지배했고 위험은 언제나 가까이에 있었습니다.

Buck had to stay alert because these men and dogs were different.

벅은 이 남자들과 개들이 달랐기 때문에 항상 경계해야 했습니다.

They were not from towns; they were wild and without mercy.

그들은 도시 출신이 아니었습니다. 그들은 거칠고 무자비했습니다.

These men and dogs only knew the law of club and fang.

이 남자들과 개들은 곤봉과 송곳니의 법칙만을 알고 있었습니다.

Buck had never seen dogs fight like these savage huskies.

벅은 이런 사나운 허스키들처럼 개들이 싸우는 것을 본 적이 없었다.

His first experience taught him a lesson he would never forget.

그의 첫 경험은 그에게 결코 잊지 못할 교훈을 주었습니다.

He was lucky it was not him, or he would have died too.
다행히 그 사람이 자신이 아니었기 때문에 그도 죽었을
것입니다.

Curly was the one who suffered while Buck watched and learned.
벅이 지켜보며 배우는 동안 컬리는 고통을 겪었습니다.

They had made camp near a store built from logs.
그들은 통나무로 지은 상점 근처에 캠프를 세웠습니다.

Curly tried to be friendly to a large, wolf-like husky.
컬리는 늑대와 비슷한 큰 허스키에게 친절하게 대하려고
노력했습니다.

The husky was smaller than Curly, but looked wild and mean.
허스키는 컬리보다 작았지만, 사납고 사나워 보였다.

Without warning, he jumped and slashed her face open.
그는 아무런 경고도 없이 달려들어 그녀의 얼굴을 베어버렸다.

His teeth cut from her eye down to her jaw in one move.
그의 이빨은 단 한 번의 움직임으로 그녀의 눈부터 턱까지
깎아냈다.

This was how wolves fought—hit fast and jump away.
늑대는 이렇게 싸웠습니다. 빨리 공격하고 뛰어서
도망갔습니다.

But there was more to learn than from that one attack.
하지만 그 공격으로부터 배울 수 있는 것은 그보다 더
많았습니다.

Dozens of huskies rushed in and made a silent circle.
수십 마리의 허스키가 달려들어 조용한 원을 그렸습니다.

They watched closely and licked their lips with hunger.
그들은 주의 깊게 지켜보며 배고픔에 입술을 핥았습니다.

Buck didn't understand their silence or their eager eyes.
벅은 그들의 침묵이나 열망하는 눈빛을 이해할 수 없었다.

Curly rushed to attack the husky a second time.
컬리는 허스키를 두 번째로 공격하기 위해 달려갔다.

He used his chest to knock her over with a strong move.
그는 가슴을 이용해 그녀를 강력한 움직임으로 쓰러뜨렸다.

She fell on her side and could not get back up.
그녀는 옆으로 넘어져서 다시 일어날 수 없었습니다.

That was what the others had been waiting for all along.

그것이 바로 다른 사람들이 쭉 기다려왔던 것이었습니다.

The huskies jumped on her, yelping and snarling in a frenzy.
허스키들이 그녀에게 달려들어 미친 듯이 울부짖고 으르렁거렸습니다.

She screamed as they buried her under a pile of dogs.
그녀는 개 더미 아래에 묻히자 비명을 질렀습니다.

The attack was so fast that Buck froze in place with shock.
공격이 너무 빨라서 벅은 충격으로 그 자리에 얼어붙었다.

He saw Spitz stick out his tongue in a way that looked like a laugh.
그는 스피츠가 웃는 것처럼 혀를 내미는 것을 보았다.

François grabbed an axe and ran straight into the group of dogs.
프랑수아는 도끼를 움켜쥐고 개 무리 속으로 곧장 달려들었다.

Three other men used clubs to help beat the huskies away.
다른 세 남자는 곤봉을 이용해 허스키를 쫓아냈습니다.

In just two minutes, the fight was over and the dogs were gone.
단 2분 만에 싸움은 끝났고 개들은 사라졌습니다.

Curly lay dead in the red, trampled snow, her body torn apart.
컬리는 붉게 짓밟힌 눈 속에 죽어 누워 있었고, 그녀의 몸은 갈기갈기 찢어져 있었다.

A dark-skinned man stood over her, cursing the brutal scene.
검은 피부의 남자가 그녀 위에 서서 그 잔혹한 광경을 저주했습니다.

The memory stayed with Buck and haunted his dreams at night.
그 기억은 벅의 마음속에 남았고, 밤에 그의 꿈에 나타났습니다.

That was the way here; no fairness, no second chance.
여기서는 그게 다였습니다. 공정함도 없고, 두 번째 기회도 없었습니다.

Once a dog fell, the others would kill without mercy.
한 마리의 개가 쓰러지면 다른 개들은 무자비하게 사람을 죽인다.

Buck decided then that he would never allow himself to fall.
벅은 그때 자신이 결코 타락하는 것을 허용하지 않겠다고
결심했습니다.

Spitz stuck out his tongue again and laughed at the blood.
스피츠는 다시 혀를 내밀고 피를 보며 웃었다.

From that moment on, Buck hated Spitz with all his heart.
그 순간부터 벅은 스피츠를 진심으로 미워하게 되었습니다.

Before Buck could recover from Curly's death, something
new happened.
벅이 컬리의 죽음에서 회복하기도 전에 새로운 일이
일어났습니다.

François came over and strapped something around Buck's
body.
프랑수아가 다가와서 벅의 몸에 뭔가를 묶었습니다.

It was a harness like the ones used on horses at the ranch.
그것은 목장에서 말에 사용하는 것과 같은 하네스였습니다.

As Buck had seen horses work, now he was made to work
too.
벅은 말이 일하는 것을 보았고, 이제 그도 일을 하게 되었다.

He had to pull François on a sled into the forest nearby.
그는 프랑수아를 썰매에 태워 근처 숲으로 끌고 가야
했습니다.

Then he had to pull back a load of heavy firewood.
그런 다음 그는 무거운 장작을 한 짐 뒤로 끌어야 했습니다.

Buck was proud, so it hurt him to be treated like a work
animal.
벅은 자존심이 강했기 때문에, 일하는 동물처럼 취급받는 것이
마음에 걸렸습니다.

But he was wise and didn't try to fight the new situation.
하지만 그는 현명해서 새로운 상황에 맞서 싸우려 하지
않았습니다.

He accepted his new life and gave his best in every task.
그는 새로운 삶을 받아들이고 모든 일에 최선을 다했습니다.

Everything about the work was strange and unfamiliar to
him.
그에게는 그 일과 관련된 모든 것이 낯설고 생소했습니다.

François was strict and demanded obedience without delay.

프랑수아는 엄격했고 지체 없이 복종할 것을 요구했습니다.

His whip made sure that every command was followed at once.

그의 채찍은 모든 명령이 한꺼번에 따르도록 했습니다.

Dave was the wheeler, the dog nearest the sled behind Buck.

데이브는 썰매를 몰고 가는 개였고, 벅 뒤에서 썰매에 가장 가까이 있는 개였습니다.

Dave bit Buck on the back legs if he made a mistake.

데이브는 실수를 하면 벅의 뒷다리를 물었다.

Spitz was the lead dog, skilled and experienced in the role.

스피츠는 리더 역할을 맡았으며, 그 역할에 능숙하고 경험이 풍부했습니다.

Spitz could not reach Buck easily, but still corrected him.

스피츠는 벅에게 쉽게 다가갈 수 없었지만, 그래도 그를 바로잡았다.

He growled harshly or pulled the sled in ways that taught Buck.

그는 거칠게 으르렁거리거나 벅에게 가르쳐준 방식으로 썰매를 끌었다.

Under this training, Buck learned faster than any of them expected.

이 훈련을 통해 벅은 그들 중 누구보다도 빨리 배웠습니다.

He worked hard and learned from both François and the other dogs.

그는 열심히 일했고 프랑수아와 다른 개들로부터 배웠습니다.

By the time they returned, Buck already knew the key commands.

그들이 돌아왔을 때, 벅은 이미 주요 명령을 알고 있었습니다.

He learned to stop at the sound of "ho" from François.

그는 프랑수아로부터 "호"라는 소리에 멈추는 법을 배웠습니다.

He learned when he had to pull the sled and run.

그는 썰매를 끌고 달려야 할 때를 배웠습니다.

He learned to turn wide at bends in the trail without trouble.

그는 어려움 없이 산길의 굽은 길에서 크게 방향을 바꾸는 법을 배웠습니다.

He also learned to avoid Dave when the sled went downhill fast.

그는 또한 썰매가 내리막길을 빠르게 내려갈 때 데이브를
피하는 법도 배웠습니다.

"They're very good dogs," François proudly told Perrault.
프랑수아는 페로에게 자랑스럽게 "그들은 정말 훌륭한
개들이죠"라고 말했다.

"That Buck pulls like hell—I teach him quick as anything."
"벅은 정말 빨리 잡아당기죠. 제가 가르쳐준 대로 정말
빠르거든요."

**Later that day, Perrault came back with two more husky
dogs.**
그날 늦게 페로는 허스키 개 두 마리를 데리고 돌아왔습니다.

Their names were Billee and Joe, and they were brothers.
그들의 이름은 빌리와 조였고, 그들은 형제였습니다.

They came from the same mother, but were not alike at all.
그들은 같은 어머니에게서 태어났지만 전혀 달랐습니다.

Billee was sweet-natured and too friendly with everyone.
빌리는 성격이 좋고 모든 사람에게 매우 친절했습니다.

Joe was the opposite—quiet, angry, and always snarling.
조는 그와는 정반대였습니다. 조용하고, 화를 잘 내고, 항상
으르렁거렸습니다.

**Buck greeted them in a friendly way and was calm with
both.**
벅은 그들을 친절하게 맞이했고 두 사람 모두에게 침착함을
유지했습니다.

Dave paid no attention to them and stayed silent as usual.
데이브는 그들에게 전혀 주의를 기울이지 않았고 평소처럼
아무 말도 하지 않았다.

Spitz attacked first Billee, then Joe, to show his dominance.
스피츠는 먼저 빌리를 공격했고, 그다음에는 조를 공격하며
자신의 우월함을 과시했습니다.

Billee wagged his tail and tried to be friendly to Spitz.
빌리는 꼬리를 흔들며 스피츠에게 친절하게 대하려고
노력했습니다.

When that didn't work, he tried to run away instead.
그래도 소용이 없자 그는 대신 도망치려고 했습니다.

He cried sadly when Spitz bit him hard on the side.

스피츠가 그의 옆구리를 세게 물었을 때 그는 슬프게
울었습니다.

But Joe was very different and refused to be bullied.
하지만 조는 달랐고 괴롭힘을 당하는 것을 거부했습니다.

Every time Spitz came near, Joe spun to face him fast.
스피츠가 가까이 올 때마다 조는 재빨리 돌아서서 그를 마주
보았다.

His fur bristled, his lips curled, and his teeth snapped wildly.
그의 털이 곤두서고, 입술이 말려 올라가고, 이빨이 격렬하게
딱딱 부딪혔다.

Joe's eyes gleamed with fear and rage, daring Spitz to strike.
조의 눈은 두려움과 분노로 빛났고, 스피츠가 공격하도록
도전했다.

Spitz gave up the fight and turned away, humiliated and angry.
스피츠는 싸움을 포기하고 굴욕감과 분노로 돌아섰습니다.

He took out his frustration on poor Billee and chased him away.
그는 불쌍한 빌리에게 자신의 좌절감을 풀어내어 그를
쫓아냈습니다.

That evening, Perrault added one more dog to the team.
그날 저녁, 페로는 팀에 개 한 마리를 더 추가했습니다.

This dog was old, lean, and covered in battle scars.
이 개는 늙고, 마르고, 전쟁으로 인한 흉터가 가득했습니다.

One of his eyes was missing, but the other flashed with power.
그의 눈 하나는 없었지만, 다른 눈은 강력하게 번쩍였다.

The new dog's name was Solleks, which meant the Angry One.
새로 태어난 개의 이름은 솔렉스였는데, 이는 화난 사람을
뜻했습니다.

Like Dave, Solleks asked nothing from others, and gave nothing back.
데이브와 마찬가지로 솔렉스는 다른 사람에게 아무것도
요구하지 않았고, 아무것도 돌려주지 않았습니다.

When Solleks walked slowly into camp, even Spitz stayed away.

솔렉스가 천천히 캠프 안으로 들어오자, 스피츠조차도 멀리 떨어져 있었습니다.

He had a strange habit that Buck was unlucky to discover.
그는 이상한 습관을 가지고 있었는데, 벅은 그것을 불행히도 발견하지 못했습니다.

Solleks hated being approached on the side where he was blind.
솔렉스는 자신이 시력을 잃었기 때문에 누군가가 자신에게 다가오는 것을 싫어했습니다.

Buck did not know this and made that mistake by accident.
벅은 이 사실을 모르고 실수로 그런 실수를 저질렀습니다.

Solleks spun around and slashed Buck's shoulder deep and fast.
솔렉스는 돌아서서 벅의 어깨를 깊고 빠르게 베어냈다.

From that moment on, Buck never came near Solleks' blind side.
그 순간부터 벅은 솔렉스의 눈에 띄지 않게 되었다.

They never had trouble again for the rest of their time together.
그들은 함께 지낸 나머지 시간 동안 그 이후로는 아무런 문제를 겪지 않았습니다.

Solleks wanted only to be left alone, like quiet Dave.
솔렉스는 조용한 데이브처럼 혼자 있고 싶어했습니다.

But Buck would later learn they each had another secret goal.
하지만 벅은 나중에 그들 각자가 다른 비밀 목표를 가지고 있다는 사실을 알게 됩니다.

That night Buck faced a new and troubling challenge — how to sleep.
그날 밤 벅은 새로운 난제에 직면했습니다. 바로 잠을 자는 방법이었습니다.

The tent glowed warmly with candlelight in the snowy field.
눈 덮인 들판에서 촛불이 켜지면서 텐트가 따뜻하게 빛났습니다.

Buck walked inside, thinking he could rest there like before.
벅은 이전처럼 그곳에서 쉴 수 있을 거라 생각하며 안으로 들어갔다.

But Perrault and François yelled at him and threw pans.

하지만 페로와 프랑수아는 그에게 소리를 지르고 냄비를
던졌습니다.

Shocked and confused, Buck ran out into the freezing cold.
벅은 충격을 받고 혼란스러워서 얼어붙는 추위 속으로 달려
나갔다.

**A bitter wind stung his wounded shoulder and froze his
paws.**
매서운 바람이 그의 다친 어깨를 찌르고 발은 얼어붙었다.

He lay down in the snow and tried to sleep out in the open.
그는 눈 속에 누워서 야외에서 잠을 자려고 노력했습니다.

But the cold soon forced him to get back up, shaking badly.
하지만 추위 때문에 그는 곧 일어나야 했고 몸이 심하게
떨렸습니다.

**He wandered through the camp, trying to find a warmer
spot.**
그는 캠프 안을 돌아다니며 더 따뜻한 곳을 찾으려고
노력했습니다.

But every corner was just as cold as the one before.
하지만 모든 구석은 이전 구석과 마찬가지로 차가웠습니다.

Sometimes savage dogs jumped at him from the darkness.
때로는 어둠 속에서 사나운 개들이 그에게 달려들기도
했습니다.

**Buck bristled his fur, bared his teeth, and snarled with
warning.**
벅은 털을 곤두세우고, 이빨을 드러내며 경고하듯
으르렁거렸다.

He was learning fast, and the other dogs backed off quickly.
그는 빠르게 학습했고 다른 개들은 금세 물러났다.

Still, he had no place to sleep, and no idea what to do.
그래도 그는 잠을 잘 곳도 없었고, 무엇을 해야 할지 전혀
몰랐습니다.

At last, a thought came to him—check on his team-mates.
마침내 그에게 생각이 떠올랐습니다. 팀 동료들을 확인해 보는
것이었습니다.

**He returned to their area and was surprised to find them
gone.**
그는 그 지역으로 돌아왔고 그들이 사라진 것을 보고 놀랐다.

Again he searched the camp, but still could not find them.

그는 다시 진영을 수색했지만 여전히 그들을 찾을 수 없었다.

He knew they could not be in the tent, or he would be too.
그는 그들이 텐트 안에 있을 수 없다는 것을 알고 있었습니다.
그랬다면 그도 텐트 안에 있었을 테니까요.

So where had all the dogs gone in this frozen camp?
그렇다면 이 얼어붙은 캠프에 있던 개들은 다 어디로 갔을까?

Buck, cold and miserable, slowly circled around the tent.
벅은 추위에 떨며 괴로워하며 천천히 텐트 주위를 돌았습니다.

Suddenly, his front legs sank into soft snow and startled him.
갑자기 그의 앞다리가 부드러운 눈 속으로 푹 빠져들어 그는 놀랐다.

Something wriggled under his feet, and he jumped back in fear.
그의 발 밑에서 무언가가 꿈틀거리자 그는 두려움에 휩싸여 뒤로 물러섰다.

He growled and snarled, not knowing what lay beneath the snow.
그는 눈 아래에 무엇이 있는지 알지 못한 채 으르렁거리고 으르렁거렸습니다.

Then he heard a friendly little bark that eased his fear.
그러자 그는 두려움을 덜어주는 친근한 작은 짖는 소리를 들었습니다.

He sniffed the air and came closer to see what was hidden.
그는 공기를 맡아보고 무엇이 숨겨져 있는지 보기 위해 더 가까이 다가갔습니다.

Under the snow, curled into a warm ball, was little Billee.
눈 아래에는 따뜻한 공 모양으로 웅크리고 있는 작은 빌리가 있었습니다.

Billee wagged his tail and licked Buck's face to greet him.
빌리는 꼬리를 흔들고 벅의 얼굴을 핥으며 인사했다.

Buck saw how Billee had made a sleeping place in the snow.
벅은 빌리가 눈 속에 잠자리를 만든 것을 보았습니다.

He had dug down and used his own heat to stay warm.
그는 땅을 파고 자신의 열을 이용해 몸을 따뜻하게 유지했습니다.

Buck had learned another lesson—this was how the dogs slept.

벅은 또 다른 교훈을 얻었다. 개들은 이렇게 자는 것이다.

He picked a spot and started digging his own hole in the snow.
그는 한 장소를 골라 눈 속에 자신만의 구멍을 파기
시작했습니다.

At first, he moved around too much and wasted energy.
처음에는 너무 많이 움직여서 에너지를 낭비했습니다.

But soon his body warmed the space, and he felt safe.
하지만 곧 그의 몸은 공간을 따뜻하게 만들었고, 그는
안전함을 느꼈다.

He curled up tightly, and before long he was fast asleep.
그는 몸을 꼭 웅크리고 얼마 지나지 않아 깊이 잠들었습니다.

The day had been long and hard, and Buck was exhausted.
그날은 길고 힘든 하루였고, 벅은 지쳐 있었습니다.

He slept deeply and comfortably, though his dreams were wild.
그는 꿈이 매우 거칠었음에도 불구하고 깊고 편안하게 잠을
잤다.

He growled and barked in his sleep, twisting as he dreamed.
그는 꿈속에서 으르렁거리고 짖으며, 꿈을 꾸는 동안 몸을
비틀었다.

Buck didn't wake up until the camp was already coming to life.
벅은 캠프가 활기를 띠기 시작할 때까지 깨어나지 않았습니다.

At first, he didn't know where he was or what had happened.
처음에는 그는 자신이 어디에 있는지, 무슨 일이 일어났는지
몰랐습니다.

Snow had fallen overnight and completely buried his body.
밤새 눈이 내려 그의 시신은 완전히 묻혔습니다.

The snow pressed in around him, tight on all sides.
눈이 그의 주위로 빽빽이 쌓여 사방이 꽁꽁 얼어붙었다.

Suddenly a wave of fear rushed through Buck's entire body.
갑자기 두려움의 물결이 벅의 온 몸을 휩쓸었다.

It was the fear of being trapped, a fear from deep instincts.
그것은 갇힐지도 모른다는 두려움이었고, 깊은 본능에서 나온
두려움이었습니다.

Though he had never seen a trap, the fear lived inside him.
그는 함정을 본 적은 없었지만, 두려움은 그의 안에 살아 있었습니다.

He was a tame dog, but now his old wild instincts were waking.
그는 길들여진 개였지만, 이제 그의 옛날 야생 본능이 깨어나고 있었습니다.

Buck's muscles tensed, and his fur stood up all over his back.
벅의 근육이 긴장되었고, 등 전체에 털이 곤두섰다.

He snarled fiercely and sprang straight up through the snow.
그는 사납게 으르렁거리며 눈 속을 뚫고 뛰어올랐다.

Snow flew in every direction as he burst into the daylight.
그가 햇빛 속으로 나오자 눈이 사방으로 날아다녔다.

Even before landing, Buck saw the camp spread out before him.
벅은 착륙하기도 전에 캠프가 눈앞에 펼쳐지는 것을 보았다.

He remembered everything from the day before, all at once.
그는 전날의 모든 일을 한꺼번에 기억해냈다.

He remembered strolling with Manuel and ending up in this place.
그는 마누엘과 함께 산책을 하다가 이곳에 도착한 것을 기억했습니다.

He remembered digging the hole and falling asleep in the cold.
그는 구멍을 파고 추위 속에서 잠이 들었던 걸 기억했습니다.

Now he was awake, and the wild world around him was clear.
이제 그는 깨어났고, 그의 주변의 거친 세상이 선명하게 보였습니다.

A shout from François hailed Buck's sudden appearance.
프랑수아는 벅의 갑작스러운 출현을 환영하며 큰 소리로 외쳤다.

"What did I say?" the dog-driver cried loudly to Perrault.
"내가 뭐라고 했지?" 개 운전사가 페로에게 큰 소리로 외쳤다.

"That Buck for sure learns quick as anything," François added.
프랑수아는 "저 벅은 정말 빨리 배우는군요"라고 덧붙였다.

Perrault nodded gravely, clearly pleased with the result.
페로는 결과에 만족한 듯 진지하게 고개를 끄덕였다.

As a courier for the Canadian Government, he carried dispatches.
그는 캐나다 정부의 택배기사로 일하며 전문을 전달했습니다.

He was eager to find the best dogs for his important mission.
그는 자신의 중요한 임무에 가장 적합한 개를 찾고 싶어했습니다.

He felt especially pleased now that Buck was part of the team.
그는 벅이 팀의 일원이 된 것을 특히 기쁘게 생각했습니다.

Three more huskies were added to the team within an hour.
1시간 만에 허스키 3마리가 팀에 추가되었습니다.

That brought the total number of dogs on the team to nine.
이로써 팀의 개 수는 총 9마리가 되었습니다.

Within fifteen minutes all the dogs were in their harnesses.
15분 이내에 모든 개들이 하네스를 착용하게 되었습니다.

The sled team was swinging up the trail toward Dyea Cañon.
썰매 팀은 다이아 캐넌을 향해 산길을 따라 올라가고 있었습니다.

Buck felt glad to be leaving, even if the work ahead was hard.
벅은 앞으로의 일이 힘들더라도 떠나게 되어 기뻤다.

He found he did not particularly despise the labor or the cold.
그는 노동이나 추위를 특별히 싫어하지 않는다는 것을 알게 되었다.

He was surprised by the eagerness that filled the whole team.
그는 팀 전체를 가득 채운 열의에 놀랐다.

Even more surprising was the change that had come over Dave and Solleks.
더욱 놀라운 것은 데이브와 솔렉스에게 일어난 변화였습니다.

These two dogs were entirely different when they were harnessed.
이 두 마리의 개는 하네스를 착용했을 때 완전히 달랐습니다.

Their passiveness and lack of concern had completely disappeared.
그들의 수동성과 무관심은 완전히 사라졌습니다.

They were alert and active, and eager to do their work well.
그들은 경계심이 강하고 활동적이었으며, 자신의 일을 잘 하려는 의욕이 강했습니다.

They grew fiercely irritated at anything that caused delay or confusion.
그들은 지연이나 혼란을 일으키는 모든 것에 대해 몹시 짜증을 냈습니다.

The hard work on the reins was the center of their entire being.
고삐를 다루는 힘든 일이 그들의 존재의 중심이었습니다.

Sled pulling seemed to be the only thing they truly enjoyed.
썰매를 끄는 것이 그들이 정말로 즐기는 유일한 일인 듯했다.

Dave was at the back of the group, closest to the sled itself.
데이브는 썰매에 가장 가까운, 그룹의 뒤쪽에 있었습니다.

Buck was placed in front of Dave, and Solleks pulled ahead of Buck.
벅은 데이브 앞에 놓였고, 솔렉스는 벅보다 앞서 나아갔다.

The rest of the dogs were strung out ahead in a single file.
나머지 개들은 일렬로 줄을 서서 앞으로 나아갔다.

The lead position at the front was filled by Spitz.
선두의 선두 자리는 스피츠가 차지했습니다.

Buck had been placed between Dave and Solleks for instruction.
벅은 지시를 받기 위해 데이브와 솔렉스 사이에 배치되었습니다.

He was a quick learner, and they were firm and capable teachers.
그는 빨리 배우는 사람이었고, 그들은 확고하고 유능한 교사들이었습니다.

They never allowed Buck to remain in error for long.
그들은 벅이 오랫동안 오류에 빠지는 것을 결코 허용하지 않았습니다.

They taught their lessons with sharp teeth when needed.
그들은 필요할 때마다 날카로운 이빨로 교훈을 가르쳤습니다.

Dave was fair and showed a quiet, serious kind of wisdom.

데이브는 공정했고 조용하고 진지한 지혜를 보여주었습니다.

He never bit Buck without a good reason to do so.

그는 정당한 이유 없이 벅을 물지 않았습니다.

But he never failed to bite when Buck needed correction.

하지만 벅이 교정을 필요로 할 때마다 그는 항상
반항했습니다.

**François's whip was always ready and backed up their
authority.**

프랑수아의 채찍은 언제나 준비되어 있었고 그들의 권위를
뒷받침했습니다.

Buck soon found it was better to obey than to fight back.

벅은 곧 맞서 싸우는 것보다 복종하는 것이 낫다는 것을
깨달았습니다.

Once, during a short rest, Buck got tangled in the reins.

어느 날, 잠깐 쉬던 중 벅이 고삐에 엉키는 일이 생겼습니다.

He delayed the start and confused the team's movement.

그는 시작을 늦추고 팀의 움직임을 혼란스럽게 했습니다.

Dave and Solleks flew at him and gave him a rough beating.

데이브와 솔렉스는 그에게 달려들어 심하게 구타했다.

The tangle only got worse, but Buck learned his lesson well.

문제는 점점 더 심각해졌지만, 벅은 교훈을 잘 얻었습니다.

From then on, he kept the reins taut, and worked carefully.

그때부터 그는 고삐를 단단히 잡고 조심스럽게 일했습니다.

Before the day ended, Buck had mastered much of his task.

그날이 끝나기 전에 벅은 자신의 작업의 대부분을
완수했습니다.

His teammates almost stopped correcting or biting him.

그의 팀 동료들은 그를 바로잡거나 물어뜯는 것을 거의
멈췄습니다.

François's whip cracked through the air less and less often.

프랑수아의 채찍이 공기를 가르는 소리가 점점 줄어들었다.

**Perrault even lifted Buck's feet and carefully examined each
paw.**

페로는 벅의 발을 들어올려 각 발을 주의 깊게
살펴보았습니다.

**It had been a hard day's run, long and exhausting for them
all.**

그것은 그들 모두에게 힘든 하루였고, 길고 지치게 하는
달리기였습니다.

They travelled up the Cañon, through Sheep Camp, and past the Scales.
그들은 캐넌 강을 따라 올라가서, 시프 캠프를 지나,
스케일스를 지나갔습니다.

They crossed the timber line, then glaciers and snowdrifts many feet deep.
그들은 수목 한계선을 넘었고, 그다음에는 수 피트 깊이의
빙하와 눈더미를 넘었습니다.

They climbed the great cold and forbidding Chilkoot Divide.
그들은 극심한 추위와 칠쿠트 분수령을 넘어 올라갔습니다.

That high ridge stood between salt water and the frozen interior.
그 높은 산등성이는 소금물과 얼어붙은 내부 사이에
있었습니다.

The mountains guarded the sad and lonely North with ice and steep climbs.
산은 얼음과 가파른 오르막길로 슬프고 외로운 북쪽을
보호했습니다.

They made good time down a long chain of lakes below the divide.
그들은 분수령 아래에 있는 긴 호수들을 따라 내려가며 좋은
시간을 보냈습니다.

Those lakes filled the ancient craters of extinct volcanoes.
그 호수들은 사화산의 고대 분화구를 채웠습니다.

Late that night, they reached a large camp at Lake Bennett.
그날 늦은 밤, 그들은 베넷 호수에 있는 큰 캠프에
도착했습니다.

Thousands of gold seekers were there, building boats for spring.
수천 명의 금을 찾는 사람들이 그곳에 모여서 봄에 쓸 배를
만들고 있었습니다.

The ice was going break up soon, and they had to be ready.
얼음이 곧 깨질 테니, 그들은 대비해야 했습니다.

Buck dug his hole in the snow and fell into a deep sleep.
벅은 눈 속에 구멍을 파고 깊은 잠에 빠졌다.

He slept like a working man, exhausted from the harsh day of toil.

그는 힘든 하루를 보낸 후 지쳐서 노동자처럼 잠을 잤습니다.

But too early in the darkness, he was dragged from sleep.

하지만 어둠이 깔린 너무 이른 시간에 그는 잠에서 깨어났습니다.

He was harnessed with his mates again and attached to the sled.

그는 다시 동료들과 함께 썰매에 묶였습니다.

That day they made forty miles, because the snow was well trodden.

그날 그들은 40마일을 갔는데, 눈이 많이 쌓여 있었기 때문이다.

The next day, and for many days after, the snow was soft.

그 다음날, 그리고 그 후 여러 날 동안 눈은 부드러웠습니다.

They had to make the path themselves, working harder and moving slower.

그들은 더 열심히 일하고 더 느리게 움직여서 스스로 길을 만들어야 했습니다.

Usually, Perrault walked ahead of the team with webbed snowshoes.

페로는 보통 물갈퀴가 달린 눈신을 신고 팀보다 앞서 걸었다.

His steps packed the snow, making it easier for the sled to move.

그의 발걸음은 눈을 압축하여 썰매가 움직이기 쉽게 만들었습니다.

François, who steered from the gee-pole, sometimes took over.

지폴에서 조종을 맡았던 프랑수아가 가끔은 조종을 맡기도 했습니다.

But it was rare that François took the lead

그러나 프랑수아가 주도권을 잡는 경우는 드물었다.

because Perrault was in a rush to deliver the letters and parcels.

페로는 편지와 소포를 배달하느라 서둘렀기 때문이다.

Perrault was proud of his knowledge of snow, and especially ice.

페로는 눈, 특히 얼음에 대한 자신의 지식을
자랑스러워했습니다.

**That knowledge was essential, because fall ice was
dangerously thin.**

그 지식은 필수적이었습니다. 왜냐하면 가을철 얼음이 위험할
정도로 얇았기 때문입니다.

**Where water flowed fast beneath the surface, there was no
ice at all.**

표면 아래로 물이 빠르게 흐르는 곳에는 얼음이 전혀
없었습니다.

Day after day, the same routine repeated without end.

날마다 똑같은 일상이 끝없이 반복되었습니다.

Buck toiled endlessly in the reins from dawn until night.

벅은 새벽부터 밤까지 끝없이 고삐를 잡고 고생했습니다.

They left camp in the dark, long before the sun had risen.

그들은 해가 뜨기 훨씬 전, 어둠 속에서 캠프를 떠났습니다.

**By the time daylight came, many miles were already behind
them.**

날이 밝았을 때, 그들은 이미 수 마일을 뒤로하고 있었습니다.

**They pitched camp after dark, eating fish and burrowing
into snow.**

그들은 어두워진 후에 캠프를 치고 물고기를 먹고 눈 속에
파묻혔습니다.

**Buck was always hungry and never truly satisfied with his
ration.**

벅은 항상 배가 고팠고, 배급량에 만족한 적이 한 번도
없었습니다.

He received a pound and a half of dried salmon each day.

그는 매일 1파운드 반의 말린 연어를 받았습니다.

**But the food seemed to vanish inside him, leaving hunger
behind.**

하지만 음식은 그의 몸 안에서 사라져 버렸고, 배고픔만
남았습니다.

**He suffered from constant pangs of hunger, and dreamed of
more food.**

그는 끊임없이 배고픔에 시달렸고, 더 많은 음식을
꿈꿨습니다.

The other dogs got only one pound of food, but they stayed strong.

다른 개들은 1파운드의 음식만 먹었지만, 힘을 잃지 않았습니다.

They were smaller, and had been born into the northern life.

그들은 더 작았고 북쪽의 삶에서 태어났습니다.

He swiftly lost the fastidiousness which had marked his old life.

그는 옛날의 삶에 존재했던 꼼꼼함을 금세 잃어버렸다.

He had been a dainty eater, but now that was no longer possible.

그는 맛있는 음식을 먹는 것을 좋아했지만, 이제는 더 이상 그럴 수 없게 되었습니다.

His mates finished first and robbed him of his unfinished ration.

그의 친구들이 먼저 식사를 마치고 그에게서 남은 식량을 빼앗았습니다.

Once they began there was no way to defend his food from them.

일단 그들이 공격하기 시작하자 그의 음식을 방어할 방법이 없었습니다.

While he fought off two or three dogs, the others stole the rest.

그가 두세 마리의 개를 쫓아내는 동안 다른 개들이 나머지를 훔쳐갔습니다.

To fix this, he began eating as fast as the others ate.

이를 해결하기 위해 그는 다른 사람들처럼 빨리 먹기 시작했습니다.

Hunger pushed him so hard that he even took food not his own.

배고픔이 그를 너무 힘들게 해서 그는 자신의 음식이 아닌 다른 음식도 먹었습니다.

He watched the others and learned quickly from their actions.

그는 다른 사람들을 관찰하고 그들의 행동으로부터 빠르게 배웠습니다.

He saw Pike, a new dog, steal a slice of bacon from Perrault.

그는 새로 온 개 파이크가 페로에게서 베이컨 한 조각을 훔치는 것을 보았습니다.

Pike had waited until Perrault's back was turned to steal the bacon.

파이크는 페로가 등을 돌릴 때까지 기다렸다가 베이컨을 훔쳤습니다.

The next day, Buck copied Pike and stole the whole chunk.

다음 날, 벅은 파이크를 따라해 그 덩어리 전체를 훔쳤습니다.

A great uproar followed, but Buck was not suspected.

큰 소란이 일어났지만 벅은 의심받지 않았습니다.

Dub, a clumsy dog who always got caught, was punished instead.

늘 잡히던 서투른 개 더브는 대신 벌을 받았습니다.

That first theft marked Buck as a dog fit to survive the North.

첫 번째 도난 사건은 벅이 북쪽에서 살아남을 수 있는 개라는 것을 보여주었습니다.

He showed he could adapt to new conditions and learn quickly.

그는 새로운 환경에 적응하고 빠르게 학습할 수 있다는 것을 보여주었습니다.

Without such adaptability, he would have died swiftly and badly.

그런 적응력이 없었다면 그는 빨리, 그리고 심하게 죽었을 것이다.

It also marked the breakdown of his moral nature and past values.

또한 그것은 그의 도덕적 본성과 과거 가치관의 붕괴를 의미했습니다.

In the Southland, he had lived under the law of love and kindness.

그는 사우스랜드에서 사랑과 친절의 법칙에 따라 살았습니다.

There it made sense to respect property and other dogs' feelings.

그곳에서는 자신의 재산과 다른 개들의 감정을 존중하는 것이 합리적이었습니다.

But the Northland followed the law of club and the law of fang.

하지만 노스랜드는 곤봉의 법칙과 송곳니의 법칙을
따랐습니다.

**Whoever respected old values here was foolish and would
fail.**
여기서 옛 가치관을 존중하는 사람은 어리석고 실패할
것입니다.

Buck did not reason all this out in his mind.
벅은 이 모든 것을 마음속으로 추론하지 못했다.

He was fit, and so he adjusted without needing to think.
그는 건강했기 때문에 생각할 필요 없이 적응할 수
있었습니다.

All his life, he had never run away from a fight.
그는 평생 싸움에서 도망간 적이 한 번도 없었습니다.

**But the wooden club of the man in the red sweater changed
that rule.**
하지만 빨간 스웨터를 입은 남자의 나무 곤봉이 그 규칙을
바꾸었습니다.

Now he followed a deeper, older code written into his being.
이제 그는 자신의 존재에 새겨진 더 깊고 오래된 코드를
따랐습니다.

**He did not steal out of pleasure, but from the pain of
hunger.**
그는 즐거움을 위해 훔친 것이 아니라, 배고픔으로 인한 고통
때문에 훔쳤습니다.

He never robbed openly, but stole with cunning and care.
그는 공개적으로 강도질을 한 적이 없지만 교활하고 신중하게
도둑질을 했습니다.

**He acted out of respect for the wooden club and fear of the
fang.**
그는 나무 곤봉에 대한 존경심과 송곳니에 대한 두려움 때문에
그렇게 행동했습니다.

In short, he did what was easier and safer than not doing it.
간단히 말해서, 그는 아무것도 하지 않는 것보다 더 쉽고
안전한 일을 했습니다.

**His development—or perhaps his return to old instincts—
was fast.**
그의 발전은 빨랐다. 아니면 옛날의 본능으로의 복귀도
빨랐다.

His muscles hardened until they felt as strong as iron.
그의 근육은 철처럼 강해질 때까지 굳어졌습니다.

He no longer cared about pain, unless it was serious.
그는 심각한 고통이 아닌 이상 더 이상 고통에 신경 쓰지 않았습니다.

He became efficient inside and out, wasting nothing at all.
그는 안팎으로 효율성을 높여 아무것도 낭비하지 않았습니다.

He could eat things that were vile, rotten, or hard to digest.
그는 역겹고 썩은 것, 소화하기 힘든 것도 먹을 수 있었습니다.

Whatever he ate, his stomach used every last bit of value.
그는 무엇을 먹든 간에 그의 뱃속은 마지막 남은 음식까지 모두 먹어 치웠다.

His blood carried the nutrients far through his powerful body.
그의 혈액은 그의 강력한 몸 전체에 영양분을 공급했습니다.

This built strong tissues that gave him incredible endurance.
이로 인해 그는 놀라운 지구력을 갖춘 튼튼한 조직을 가지게 되었습니다.

His sight and smell became much more sensitive than before.
그의 시력과 후각은 이전보다 훨씬 더 민감해졌습니다.

His hearing grew so sharp he could detect faint sounds in sleep.
그의 청력은 너무 예민해져서 잠자는 동안에도 희미한 소리를 들을 수 있었습니다.

He knew in his dreams whether the sounds meant safety or danger.
그는 꿈에서 그 소리가 안전을 의미하는지 위험을 의미하는지 알았습니다.

He learned to bite the ice between his toes with his teeth.
그는 발가락 사이의 얼음을 이빨로 물어뜯는 법을 배웠습니다.

If a water hole froze over, he would break the ice with his legs.
물웅덩이가 얼어붙으면 그는 다리로 얼음을 깨곤 했다.

He reared up and struck the ice hard with stiff front limbs.
그는 몸을 일으켜 뻣뻣한 앞발로 얼음을 세게 내리쳤다.

His most striking ability was predicting wind changes overnight.

그의 가장 놀라운 능력은 밤새 바람의 변화를 예측하는
것이었습니다.

Even when the air was still, he chose spots sheltered from
wind.
공기가 고요할 때에도 그는 바람으로부터 보호되는 장소를
선택했습니다.

Wherever he dug his nest, the next day's wind passed him
by.
그가 둥지를 파는 곳마다 다음 날의 바람이 그를 지나갔다.

He always ended up snug and protected, to leeward of the
breeze.
그는 언제나 바람이 없는 쪽에서 아늑하고 안전하게
지냈습니다.

Buck not only learned by experience — his instincts returned
too.
벅은 경험을 통해 배웠을 뿐만 아니라, 그의 본능도
돌아왔습니다.

The habits of domesticated generations began to fall away.
길들여진 세대의 습관은 사라지기 시작했습니다.

In vague ways, he remembered the ancient times of his
breed.
그는 막연하게나마 자신의 품종의 고대 시절을 기억했다.

He thought back to when wild dogs ran in packs through
forests.
그는 야생 개들이 숲 속에서 떼지어 달리던 때를 떠올렸다.

They had chased and killed their prey while running it
down.
그들은 먹이를 쫓아가서 죽이면서 달렸습니다.

It was easy for Buck to learn how to fight with tooth and
speed.
벅은 이빨과 빠른 속도를 이용해 싸우는 법을 쉽게
배웠습니다.

He used cuts, slashes, and quick snaps just like his
ancestors.
그는 조상들처럼 자르고, 베고, 재빠르게 꺾는 기술을
사용했습니다.

Those ancestors stirred within him and awoke his wild
nature.

그 조상들은 그의 내면에서 깨어나 그의 야생적 본성을
일깨웠습니다.

Their old skills had passed into him through the bloodline.
그들의 오래된 기술은 혈통을 통해 그에게 전해졌습니다.

Their tricks were his now, with no need for practice or effort.
이제 그들의 속임수는 그의 것이 되었고, 연습이나 노력이
필요 없게 되었습니다.

On still, cold nights, Buck lifted his nose and howled.
고요하고 추운 밤이면 벅은 코를 들고 울부짖었다.

He howled long and deep, the way wolves had done long ago.
그는 마치 옛날 늑대들이 그랬던 것처럼 길고 깊은 울부짖음을
내질렀다.

Through him, his dead ancestors pointed their noses and howled.
그를 통해 그의 죽은 조상들이 코를 들이밀고 울부짖었다.

They howled down through the centuries in his voice and shape.
그들은 수세기 동안 그의 목소리와 모습으로 울부짖었습니다.

His cadences were theirs, old cries that told of grief and cold.
그의 운율은 그들의 운율과 같았고, 슬픔과 추위를 말해주는
오래된 울음소리였다.

They sang of darkness, of hunger, and the meaning of winter.
그들은 어둠, 굶주림, 그리고 겨울의 의미를 노래했습니다.

Buck proved of how life is shaped by forces beyond oneself,
벅은 삶이 자신을 넘어서는 힘에 의해 형성된다는 것을
증명했습니다.

the ancient song rose through Buck and took hold of his soul.
고대의 노래가 벅의 영혼을 사로잡았습니다.

He found himself because men had found gold in the North.
그는 북쪽에서 사람들이 금을 발견했기 때문에 자신을
발견했습니다.

And he found himself because Manuel, the gardener's helper, needed money.

그리고 그는 정원사의 도우미인 마누엘에게 돈이 필요해서
자신을 찾았습니다.

The Dominant Primordial Beast
지배적인 원시 짐승

The dominant primordial beast was as strong as ever in Buck.
지배적인 원시적 짐승은 버크에서 예전처럼 강력했습니다.

But the dominant primordial beast had lain dormant in him.
하지만 지배적인 원시적 짐승은 그의 안에 잠복해 있었습니다.

Trail life was harsh, but it strengthened beast inside Buck.
산길에서의 생활은 혹독했지만, 그것은 벅의 내면에 있는
야수를 강화시켜 주었다.

Secretly the beast grew stronger and stronger every day.
그 짐승은 비밀리에 날이 갈수록 더욱 강해졌습니다.

But that inner growth stayed hidden to the outside world.
하지만 그러한 내면의 성장은 외부 세계에 알려지지
않았습니다.

A quiet and calm primordial force was building inside Buck.
벅의 내면에는 조용하고 차분한 원초적인 힘이 형성되고
있었습니다.

New cunning gave Buck balance, calm control, and poise.
새로운 교활함은 벅에게 균형, 차분한 통제력, 평정심을
주었습니다.

Buck focused hard on adapting, never feeling fully relaxed.
벅은 적응에만 집중했고, 결코 완전히 편안한 기분을 느끼지
못했다.

He avoided conflict, never starting fights, nor seeking trouble.
그는 갈등을 피했고, 결코 싸움을 시작하지 않았으며, 문제를
일으키지도 않았습니다.

A slow, steady thoughtfulness shaped Buck's every move.
벅의 모든 움직임에는 느리고 꾸준한 생각이 담겨 있었습니다.

He avoided rash choices and sudden, reckless decisions.
그는 성급한 선택이나 갑작스럽고 무모한 결정을 피했습니다.

Though Buck hated Spitz deeply, he showed him no aggression.
벅은 스피츠를 몹시 싫어했지만, 그에게 공격적인 태도를 보이지는 않았습니다.

Buck never provoked Spitz, and kept his actions restrained.
벅은 스피츠를 자극하지 않았고, 자신의 행동을 자제했습니다.

Spitz, on the other hand, sensed the growing danger in Buck.
반면, 스피츠는 벅에게서 점점 커지는 위험을 감지했습니다.

He saw Buck as a threat and a serious challenge to his power.
그는 벅을 자신의 권력에 대한 위협이자 심각한 도전으로 여겼습니다.

He used every chance to snarl and show his sharp teeth.
그는 으르렁거리며 날카로운 이빨을 보일 기회가 있을 때마다 이용했다.

He was trying to start the deadly fight that had to come.
그는 다가올 치명적인 싸움을 시작하려고 했습니다.

Early in the trip, a fight nearly broke out between them.
여행 초반에 그들 사이에 싸움이 벌어질 뻔했습니다.

But an unexpected accident stopped the fight from happening.
하지만 예상치 못한 사고로 인해 싸움은 일어나지 않게 되었습니다.

That evening they set up camp on the bitterly cold Lake Le Barge.
그날 저녁, 그들은 몹시 추운 르바르주 호수에 캠프를 세웠습니다.

The snow was falling hard, and the wind cut like a knife.
눈이 많이 내리고, 바람이 칼날처럼 휘몰아쳤습니다.

The night had come too fast, and darkness surrounded them.
밤은 너무 빨리 찾아왔고, 어둠이 그들을 에워쌌다.

They could hardly have chosen a worse place for rest.
그들이 휴식하기에 이보다 더 나쁜 곳은 없었을 것이다.

The dogs searched desperately for a place to lie down.
개들은 필사적으로 누울 곳을 찾았습니다.

A tall rock wall rose steeply behind the small group.
작은 무리 뒤로는 높은 바위벽이 가파르게 솟아 있었습니다.

The tent had been left behind in Dyea to lighten the load.
짐을 가볍게 하기 위해 텐트는 다이아에 남겨 두었습니다.

They had no choice but to make the fire on the ice itself.
그들은 얼음 위에 불을 피울 수밖에 없었습니다.

They spread their sleeping robes directly on the frozen lake.
그들은 얼어붙은 호수 위에 잠자리 옷을 바로 펼쳤다.

A few sticks of driftwood gave them a little bit of fire.
몇 개의 유목이 그들에게 약간의 불을 가져다주었습니다.

But the fire was built on the ice, and thawed through it.
하지만 불은 얼음 위에 피워졌고, 얼음을 통해
녹아내렸습니다.

Eventually they were eating their supper in darkness.
결국 그들은 어둠 속에서 저녁을 먹고 있었습니다.

Buck curled up beside the rock, sheltered from the cold wind.
벅은 차가운 바람을 피해 바위 옆에 웅크리고 있었다.

The spot was so warm and safe that Buck hated to move away.
그 장소는 너무 따뜻하고 안전해서 벅은 이사하고 싶지
않았습니다.

But François had warmed the fish and was handing out rations.
하지만 프랑수아는 물고기를 데워놓고 식량을 나눠주고
있었습니다.

Buck finished eating quickly, and returned to his bed.
벅은 재빨리 식사를 마치고 침대로 돌아갔다.

But Spitz was now laying where Buck had made his bed.
하지만 스피츠는 이제 벅이 침대를 만든 곳에 누워
있었습니다.

A low snarl warned Buck that Spitz refused to move.
낮은 으르렁거림으로 벅은 스피츠가 움직이지 않을 것이라고
경고했다.

Until now, Buck had avoided this fight with Spitz.
지금까지 벅은 스피츠와의 싸움을 피해왔습니다.

But deep inside Buck the beast finally broke loose.
하지만 벅의 깊은 곳에서 짐승이 마침내 풀려났습니다.

The theft of his sleeping place was too much to tolerate.
그의 잠자리가 도난당한 것은 참을 수 없는 일이었습니다.

Buck launched himself at Spitz, full of anger and rage.
벅은 분노와 격노로 가득 차서 스피츠에게 달려들었다.

Up until not Spitz had thought Buck was just a big dog.
지금까지 스피츠는 벅이 단지 큰 개일 뿐이라고 생각하지
않았습니다.

He didn't think Buck had survived through his spirit.
그는 벅이 자신의 영혼을 통해 살아남았다고 생각하지 않았다.

He was expecting fear and cowardice, not fury and revenge.
그는 분노와 복수가 아닌 두려움과 비겁함을 기대했습니다.

François stared as both dogs burst from the ruined nest.
프랑수아는 두 마리의 개가 무너진 둥지에서 뛰쳐나오는 것을
바라보았다.

He understood at once what had started the wild struggle.
그는 즉시 격렬한 싸움이 시작된 이유를 이해했습니다.

"A-a-ah!" François cried out in support of the brown dog.
"아아!" 프랑수아는 갈색 개를 응원하며 소리쳤다.

"Give him a beating! By God, punish that sneaky thief!"
"그놈을 때려눕혀! 신이시여, 저 교활한 도둑놈을 벌해
주십시오!"

Spitz showed equal readiness and wild eagerness to fight.
스피츠 역시 싸움에 대한 동등한 준비성과 맹렬한 열망을
보였다.

He cried out in rage while circling fast, seeking an opening.
그는 빠르게 돌며 틈을 찾으며 분노에 차 소리쳤다.

Buck showed the same hunger to fight, and the same
caution.
벅은 여전히 싸우고자 하는 열망을 보였지만, 여전히
조심스러운 태도를 보였다.

He circled his opponent as well, trying to gain the upper
hand in battle.
그는 상대방을 에워싸고 전투에서 우위를 점하려고
노력했습니다.

Then something unexpected happened and changed
everything.

그러다 예상치 못한 일이 일어나 모든 것이 바뀌었습니다.

That moment delayed the eventual fight for the leadership.

그 순간으로 인해 결국 리더십을 놓고 벌어질 싸움이
지연되었습니다.

Many miles of trail and struggle still waited before the end.

끝까지 가려면 아직도 수 마일에 달하는 고난과 투쟁이
기다리고 있었습니다.

Perrault shouted an oath as a club smacked against bone.

페로는 곤봉이 뼈에 부딪히자 욕설을 외쳤다.

A sharp yelp of pain followed, then chaos exploded all around.

날카로운 고통의 비명이 이어졌고, 그 후 주변은
혼란스러워졌습니다.

Dark shapes moved in camp; wild huskies, starved and fierce.

캠프에 어두운 형체들이 움직였다. 굶주리고 사나운 야생
허스키들이었다.

Four or five dozen huskies had sniffed the camp from far away.

허스키 4~50마리가 멀리서 캠프를 냄새로 알아보았습니다.

They had crept in quietly while the two dogs fought nearby.

두 마리의 개가 근처에서 싸우는 동안 그들은 조용히 기어
들어왔습니다.

François and Perrault charged, swinging clubs at the invaders.

프랑수아와 페로는 곤봉을 휘두르며 침략자들을
공격했습니다.

The starving huskies showed teeth and fought back in frenzy.

굶주린 허스키들은 이빨을 드러내고 광적으로 반격했다.

The smell of meat and bread had driven them past all fear.

고기와 빵 냄새가 그들을 모든 두려움에서 몰아냈습니다.

Perrault beat a dog that had buried its head in the grub-box.

페로는 음식 상자에 머리를 파묻은 개를 때렸다.

The blow hit hard, and the box flipped, food spilling out.

강한 타격이 가해지자 상자가 뒤집히고 음식이 쏟아졌습니다.

In seconds, a score of wild beasts tore into the bread and meat.

몇 초 만에 20마리의 야수들이 빵과 고기를 찢어버렸습니다.

The men's clubs landed blow after blow, but no dog turned away.

남자 곤봉들이 연이어 공격을 가했지만, 어떤 개도 물러서지 않았습니다.

They howled in pain, but fought until no food remained.

그들은 고통스럽게 울부짖었지만, 음식이 다 없어질 때까지 싸웠습니다.

Meanwhile, the sled-dogs had jumped from their snowy beds.

그 사이 썰매개들은 눈 덮인 침대에서 뛰어내렸습니다.

They were instantly attacked by the vicious hungry huskies.

그들은 사납고 배고픈 허스키들에게 즉시 공격을 받았습니다.

Buck had never seen such wild and starved creatures before.

벅은 이전에 그렇게 사납고 굶주린 동물을 본 적이 없다.

Their skin hung loose, barely hiding their skeletons.

그들의 피부는 헐거워져 뼈대가 거의 보이지 않았습니다.

There was a fire in their eyes, from hunger and madness

그들의 눈에는 배고픔과 광기로 인한 불이 있었습니다.

There was no stopping them; no resisting their savage rush.

그들을 막을 수 있는 사람은 아무도 없었고, 그들의 맹렬한 돌진에 저항할 수 있는 사람도 없었습니다.

The sled-dogs were shoved back, pressed against the cliff wall.

썰매개들은 뒤로 밀려나 절벽 벽에 기대어 섰다.

Three huskies attacked Buck at once, tearing into his flesh.

허스키 세 마리가 한꺼번에 벅을 공격해 그의 살을 찢었습니다.

Blood poured from his head and shoulders, where he'd been cut.

그의 머리와 어깨, 즉 베인 부분에서 피가 쏟아졌습니다.

The noise filled the camp; growling, yelps, and cries of pain.

캠프 안에는 소음이 가득 찼다. 으르렁거리는 소리, 울부짖는 소리, 고통스러운 비명.

Billee cried loudly, as usual, caught in the fray and panic.

빌리는 평소처럼 싸움과 공황에 휩싸여 큰 소리로 울었다.

Dave and Solleks stood side by side, bleeding but defiant.

데이브와 솔렉스는 피를 흘리면서도 저항하며 나란히
섰습니다.

Joe fought like a demon, biting anything that came close.
조는 악마처럼 싸웠고, 가까이 다가오는 것은 무엇이든
물어뜯었다.

He crushed a husky's leg with one brutal snap of his jaws.
그는 턱을 잔혹하게 한 번 꺾어 허스키의 다리를
부러뜨렸습니다.

**Pike jumped on the wounded husky and broke its neck
instantly.**
파이크는 부상당한 허스키에게 달려들어 그 즉시 목을
부러뜨렸습니다.

**Buck caught a husky by the throat and ripped through the
vein.**
벅은 허스키의 목을 물어 혈관을 찢어버렸습니다.

Blood sprayed, and the warm taste drove Buck into a frenzy.
피가 튀었고, 따뜻한 맛이 벅을 격노하게 만들었다.

He hurled himself at another attacker without hesitation.
그는 주저하지 않고 다른 공격자에게 달려들었다.

**At the same moment, sharp teeth dug into Buck's own
throat.**
동시에 날카로운 이빨이 벅의 목에 박혔다.

Spitz had struck from the side, attacking without warning.
스피츠는 아무런 경고도 없이 측면에서 공격해 왔습니다.

**Perrault and François had defeated the dogs stealing the
food.**
페로와 프랑수아는 음식을 훔치는 개들을 물리쳤습니다.

Now they rushed to help their dogs fight back the attackers.
이제 그들은 공격자들을 물리치기 위해 개들을 돕기 위해
달려갔습니다.

The starving dogs retreated as the men swung their clubs.
굶주린 개들은 남자들이 곤봉을 휘두르자 물러났다.

Buck broke free from the attack, but the escape was brief.
벅은 공격에서 벗어났지만 탈출은 잠깐이었다.

**The men ran to save their dogs, and the huskies swarmed
again.**
남자들은 개들을 구하기 위해 달려갔고 허스키들이 다시
몰려왔다.

Billee, frightened into bravery, leapt into the pack of dogs.
겁에 질린 빌리는 용기를 내어 개 무리 속으로 뛰어들었다.

But then he fled across the ice, in raw terror and panic.
하지만 그는 극심한 공포와 공황 상태에 빠져 얼음 위로 도망쳤습니다.

Pike and Dub followed close behind, running for their lives.
파이크와 더브는 그 뒤를 따라가며 목숨을 구하기 위해 달렸다.

The rest of the team broke and scattered, following after them.
나머지 팀원들도 흩어져 그들을 따라갔다.

Buck gathered his strength to run, but then saw a flash.
벅은 도망치려고 힘을 모았지만, 그때 섬광을 보았습니다.

Spitz lunged at Buck's side, trying to knock him to the ground.
스피츠는 벅의 옆으로 달려들어 그를 땅에 쓰러뜨리려고 했습니다.

Under that mob of huskies, Buck would have had no escape.
허스키 무리 아래에서는 벅이 탈출할 방법이 없었을 것이다.

But Buck stood firm and braced for the blow from Spitz.
하지만 벅은 굳건히 서서 스피츠의 타격에 대비했습니다.

Then he turned and ran out onto the ice with the fleeing team.
그러고 나서 그는 돌아서서 도망치는 팀과 함께 얼음 위로 달려나갔습니다.

Later, the nine sled-dogs gathered in the shelter of the woods.
나중에, 9마리의 썰매개들이 숲의 보호소에 모였습니다.

No one chased them anymore, but they were battered and wounded.
더 이상 그들을 쫓는 사람은 없었지만, 그들은 폭행을 당하고 부상을 입었습니다.

Each dog had wounds; four or five deep cuts on every body.
각 개는 상처를 입고 있었습니다. 몸에는 깊은 상처가 4~5개 있었습니다.

Dub had an injured hind leg and struggled to walk now.

더브는 뒷다리에 부상을 입었고 이제는 걷는 데 어려움을 겪고 있습니다.

Dolly, the newest dog from Dyea, had a slashed throat.
다이아의 새 강아지 돌리는 목이 베였습니다.

Joe had lost an eye, and Billee's ear was cut to pieces
조는 한쪽 눈을 잃었고, 빌리의 귀는 조각조각 잘렸습니다.

All the dogs cried in pain and defeat through the night.
모든 개들은 밤새도록 고통과 패배감에 울부짖었습니다.

At dawn they crept back to camp, sore and broken.
새벽이 되자 그들은 몸이 아프고 지친 채로 캠프로 돌아왔습니다.

The huskies had vanished, but the damage had been done.
허스키들은 사라졌지만 피해는 이미 발생했습니다.

Perrault and François stood in foul moods over the ruin.
페로와 프랑수아는 폐허를 바라보며 기분이 나빴다.

Half of the food was gone, snatched by the hungry thieves.
음식의 절반은 배고픈 도둑들에게 낚아채가 갔습니다.

The huskies had torn through sled bindings and canvas.
허스키들은 썰매의 묶음과 캔버스를 찢어버렸습니다.

Anything with a smell of food had been devoured completely.
음식 냄새가 나는 것은 모두 먹어 치워졌습니다.

They ate a pair of Perrault's moose-hide traveling boots.
그들은 페로의 무스 가죽으로 만든 여행용 부츠 한 켤레를 먹었습니다.

They chewed leather reis and ruined straps beyond use.
그들은 가죽 레이스를 씹어먹고, 끈을 망가뜨려 더 이상 쓸 수 없게 만들었습니다.

François stopped staring at the torn lash to check the dogs.
프랑수아는 찢어진 채찍을 바라보는 것을 멈추고 개들을 살펴보았다.

"Ah, my friends," he said, his voice low and filled with worry.
"아, 친구들." 그는 걱정이 가득한 낮은 목소리로 말했다.

"Maybe all these bites will turn you into mad beasts."
"어쩌면 이 모든 물림이 너를 미친 짐승으로 만들지도 몰라."

"Maybe all mad dogs, sacredam! What do you think, Perrault?"

"미친 개들이 다 그럴 수도 있겠지, 새시캠! 어떻게 생각하니, 페로?"

Perrault shook his head, eyes dark with concern and fear.
페로는 고개를 저으며, 눈은 걱정과 두려움으로 어두워졌다.

Four hundred miles still lay between them and Dawson.
그들과 도슨 사이는 아직도 400마일이나 떨어져 있었습니다.

Dog madness now could destroy any chance of survival.
지금의 개 광기는 생존의 모든 가능성을 파괴할 수도 있습니다.

They spent two hours swearing and trying to fix the gear.
그들은 2시간 동안 욕설을 퍼부으며 장비를 고치려고 노력했습니다.

The wounded team finally left the camp, broken and defeated.
부상을 입은 팀은 마침내 캠프를 떠났고, 무너지고 패배했습니다.

This was the hardest trail yet, and each step was painful.
지금까지 본 길 중 가장 힘든 길이었고, 매 걸음마다 고통스러웠습니다.

The Thirty Mile River had not frozen, and was rushing wildly.
서티마일 강은 얼지 않았고, 거세게 흐르고 있었습니다.

Only in calm spots and swirling eddies did ice manage to hold.
오직 고요한 곳과 소용돌이치는 곳에서만 얼음이 버틸 수 있었습니다.

Six days of hard labor passed until the thirty miles were done.
30마일을 가는 데까지 6일간의 힘든 노동이 이어졌습니다.

Each mile of the trail brought danger and the threat of death.
그 길을 1마일씩 걸어갈 때마다 위험과 죽음의 위협이 찾아왔습니다.

The men and dogs risked their lives with every painful step.
남자와 개들은 고통스러운 한 걸음을 내딛으며 목숨을 걸었습니다.

Perrault broke through thin ice bridges a dozen different times.
페로는 얇은 얼음 다리를 12번이나 돌파했습니다.

He carried a pole and let it fall across the hole his body made.

그는 막대기를 들고 자신의 몸이 만든 구멍에 떨어뜨렸습니다.

More than once did that pole save Perrault from drowning.

그 기둥은 페로를 익사로부터 구한 적이 여러 번 있었습니다.

The cold snap held firm, the air was fifty degrees below zero.

추위가 계속되었고 기온은 영하 50도였습니다.

Every time he fell in, Perrault had to light a fire to survive.

페로는 빠질 때마다 살아남기 위해 불을 피워야 했습니다.

Wet clothing froze fast, so he dried them near blazing heat.

젖은 옷은 빨리 얼기 때문에 그는 뜨거운 열기에 말렸습니다.

No fear ever touched Perrault, and that made him a courier.

페로는 결코 두려움을 느끼지 않았고, 그로 인해 그는 택배기사가 되었습니다.

He was chosen for danger, and he met it with quiet resolve.

그는 위험을 감수하기 위해 선택되었지만, 그는 조용한 결의로 위험을 맞이했습니다.

He pressed forward into wind, his shriveled face frostbitten.

그는 바람을 맞으며 앞으로 나아갔고, 그의 주름진 얼굴은 동상에 걸렸다.

From faint dawn to nightfall, Perrault led them onward.

희미한 새벽부터 밤까지 페로는 그들을 이끌었다.

He walked on narrow rim ice that cracked with every step.

그는 걸을 때마다 갈라지는 좁은 얼음 위를 걸었다.

They dared not stop—each pause risked a deadly collapse.

그들은 감히 멈출 수 없었다. 멈출 때마다 치명적인 붕괴의 위험이 있었기 때문이다.

One time the sled broke through, pulling Dave and Buck in.

어느 날 썰매가 뚫고 들어가 데이브와 벅을 끌어당겼습니다.

By the time they were dragged free, both were near frozen.

그들이 끌려나왔을 때, 두 사람 모두 거의 얼어붙어 있었습니다.

The men built a fire quickly to keep Buck and Dave alive.

남자들은 벅과 데이브를 살리기 위해 재빨리 불을 피웠다.

The dogs were coated in ice from nose to tail, stiff as carved wood.

개들은 코부터 꼬리까지 얼음으로 뒤덮여 있었고, 조각된 나무처럼 뻣뻣했습니다.

The men ran them in circles near the fire to thaw their bodies.
남자들은 불 근처에서 그들을 원으로 돌며 몸을 녹였다.

They came so close to the flames that their fur was singed.
그들은 불길에 너무 가까이 다가가서 털이 그을렸습니다.

Spitz broke through the ice next, dragging in the team behind him.
스피츠가 얼음을 깨고 뒤따라오는 팀을 이끌었다.

The break reached all the way up to where Buck was pulling.
그 틈은 벅이 잡아당기는 곳까지 닿아 있었습니다.

Buck leaned back hard, paws slipping and trembling on the edge.
벅은 몸을 뒤로 기대었고, 발은 가장자리에서 미끄러지고 떨렸다.

Dave also strained backward, just behind Buck on the line.
데이브도 벅 바로 뒤쪽, 결승선에서 뒤로 힘을 주었다.

François hauled on the sled, his muscles cracking with effort.
프랑수아는 썰매를 끌고 갔고, 그의 근육은 힘겹게 경련을 일으켰다.

Another time, rim ice cracked before and behind the sled.
또 다른 때는 썰매 앞뒤의 가장자리 얼음이 갈라졌습니다.

They had no way out except to climb a frozen cliff wall.
그들은 얼어붙은 절벽을 오르는 것 외에는 탈출할 방법이 없었습니다.

Perrault somehow climbed the wall; a miracle kept him alive.
페로는 어떻게든 벽을 올라갔고, 기적적으로 그는 살아남았습니다.

François stayed below, praying for the same kind of luck.
프랑수아는 아래에 머물며 같은 행운을 빌었습니다.

They tied every strap, lashing, and trace into one long rope.
그들은 모든 끈과 끈을 묶어 하나의 긴 밧줄로 만들었습니다.

The men hauled each dog up, one at a time to the top.
남자들은 한 번에 한 마리씩 개를 꼭대기까지 끌어올렸습니다.

François climbed last, after the sled and the entire load.
프랑수아는 썰매와 짐 전체를 싣고 마지막으로 올라갔습니다.

Then began a long search for a path down from the cliffs.
그러고 나서 절벽 아래로 내려갈 길을 찾기 위한 긴 탐색이
시작되었습니다.

They finally descended using the same rope they had made.
그들은 마침내 자신들이 만든 것과 같은 밧줄을 이용해
내려갔습니다.

Night fell as they returned to the riverbed, exhausted and
sore.
그들이 지치고 몸이 아픈 채로 강바닥으로 돌아왔을 때 밤이
깊어졌습니다.

They had taken a full day to cover only a quarter of a mile.
그들은 단 400미터를 가는 데도 하루 종일 걸렸습니다.

By the time they reached the Hootalinqua, Buck was worn
out.
그들이 후탈린콰에 도착했을 때, 벅은 지쳐 있었습니다.

The other dogs suffered just as badly from the trail
conditions.
다른 개들도 산길 상황 때문에 똑같이 큰 고통을 겪었습니다.

But Perrault needed to recover time, and pushed them on
each day.
하지만 페로는 시간을 벌기 위해 노력했고, 매일 그들을
밀어붙였습니다.

The first day they traveled thirty miles to Big Salmon.
첫날 그들은 30마일을 여행하여 빅 샐먼에 도착했습니다.

The next day they travelled thirty-five miles to Little
Salmon.
다음 날 그들은 35마일을 여행하여 리틀 샐먼에
도착했습니다.

On the third day they pushed through forty long frozen
miles.
셋째 날, 그들은 얼어붙은 40마일의 긴 길을 뚫고
나아갔습니다.

By then, they were nearing the settlement of Five Fingers.
그때쯤 그들은 파이브 핑거스의 정착지에 가까워지고
있었습니다.

Buck's feet were softer than the hard feet of native huskies.
벅의 발은 토종 허스키의 단단한 발보다 부드럽습니다.

His paws had grown tender over many civilized generations.
그의 발은 여러 세대의 문명을 거치며 부드러워졌습니다.

Long ago, his ancestors had been tamed by river men or hunters.
옛날 옛적에 그의 조상들은 강의 사람들이나 사냥꾼들에게 길들여졌습니다.

Every day Buck limped in pain, walking on raw, aching paws.
벅은 매일 고통스럽게 절뚝거리며, 벌겋고 아픈 발로 걸었다.

At camp, Buck dropped like a lifeless form upon the snow.
캠프에 도착하자 벅은 눈 위에 죽은 듯이 쓰러졌습니다.

Though starving, Buck did not rise to eat his evening meal.
배가 고팠지만, 벅은 저녁 식사를 하기 위해 일어나지 않았습니다.

François brought Buck his ration, laying fish by his muzzle.
프랑수아는 벅에게 식량을 가져다 주면서 총구에 물고기를 놓았습니다.

Each night the driver rubbed Buck's feet for half an hour.
매일 밤 운전사는 벅의 발을 30분 동안 문질러 주었다.

François even cut up his own moccasins to make dog footwear.
프랑수아는 개 신발을 만들기 위해 모카신을 직접 자르기도 했습니다.

Four warm shoes gave Buck a great and welcome relief.
따뜻한 신발 네 켤레가 벅에게 큰 위안과 안도감을 주었다.

One morning, François forgot the shoes, and Buck refused to rise.
어느 날 아침, 프랑수아는 신발을 잊어버렸고, 벅은 일어나기를 거부했습니다.

Buck lay on his back, feet in the air, waving them pitifully.
벅은 등을 대고 누워서 발을 공중에 뻗고 애처롭게 흔들고 있었다.

Even Perrault grinned at the sight of Buck's dramatic plea.
심지어 페로조차도 벅의 극적인 호소를 보고 미소를 지었다.

Soon Buck's feet grew hard, and the shoes could be discarded.

곧 벅의 발은 딱딱해졌고, 신발을 벗어야 했습니다.

At Pelly, during harness time, Dolly let out a dreadful howl.
펠리에서는 굴레를 씌우는 동안 돌리가 무서운 울부짖음을
터뜨렸습니다.

The cry was long and filled with madness, shaking every dog.
그 울음소리는 길고 광기로 가득 차 있었고, 모든 개들이
떨렸습니다.

Each dog bristled in fear without knowing the reason.
각각의 개들은 그 이유를 모른 채 두려움에 움츠러들었다.

Dolly had gone mad and hurled herself straight at Buck.
돌리는 미쳐서 벅에게 곧장 달려들었다.

Buck had never seen madness, but horror filled his heart.
벅은 광기를 본 적이 없었지만, 공포가 그의 마음을 가득
채웠다.

With no thought, he turned and fled in absolute panic.
그는 아무런 생각도 없이 돌아서서 완전히 당황한 채로
도망쳤습니다.

Dolly chased him, her eyes wild, saliva flying from her jaws.
돌리는 그를 쫓았고, 그녀의 눈은 사나워졌고, 그녀의
입에서는 침이 흘러내렸다.

She kept right behind Buck, never gaining and never falling back.
그녀는 벅 바로 뒤를 따라갔고, 결코 뒤처지지도, 따라잡지도
않았습니다.

Buck ran through woods, down the island, across jagged ice.
벅은 숲을 지나, 섬을 지나, 험준한 얼음 위를 달렸습니다.

He crossed to an island, then another, circling back to the river.
그는 한 섬으로 건너갔다가 또 다른 섬으로 건너간 뒤 다시
강으로 돌아왔습니다.

Still Dolly chased him, her growl close behind at every step.
돌리는 여전히 그를 쫓아갔고, 매 걸음마다 으르렁거리는
소리를 내며 뒤따랐다.

Buck could hear her breath and rage, though he dared not look back.
벅은 그녀의 숨소리와 분노를 들을 수 있었지만, 뒤돌아볼
용기가 나지 않았다.

François shouted from afar, and Buck turned toward the voice.
프랑수아가 멀리서 소리치자, 벅은 목소리가 들리는 쪽으로 돌아섰다.

Still gasping for air, Buck ran past, placing all hope in François.
벅은 여전히 숨을 헐떡이며 프랑수아에게 모든 희망을 걸고 달려갔다.

The dog-driver raised an axe and waited as Buck flew past.
개 운전사는 도끼를 들고 벅이 지나가는 것을 기다렸다.

The axe came down fast and struck Dolly's head with deadly force.
도끼는 빠르게 내려와 돌리의 머리를 치명적인 힘으로 쳤다.

Buck collapsed near the sled, wheezing and unable to move.
벅은 썰매 근처에 쓰러져 쌕쌕거리며 움직일 수 없게 되었다.

That moment gave Spitz his chance to strike an exhausted foe.
그 순간, 스피츠는 지친 적을 공격할 기회를 얻었다.

Twice he bit Buck, ripping flesh down to the white bone.
그는 벅을 두 번 물어뜯어 살을 찢어 흰 뼈까지 남겼습니다.

François's whip cracked, striking Spitz with full, furious force.
프랑수아의 채찍이 휘둘리며, 엄청난 힘으로 스피츠를 공격했다.

Buck watched with joy as Spitz received his harshest beating yet.
벅은 스피츠가 지금까지 가장 가혹한 구타를 당하는 것을 기쁨으로 지켜보았습니다.

"He's a devil, that Spitz," Perrault muttered darkly to himself.
"슈피츠는 악마야." 페로는 어두운 목소리로 중얼거렸다.

"Someday soon, that cursed dog will kill Buck—I swear it."
"언젠가는 저 저주받은 개가 벅을 죽일 거야. 맹세해."

"That Buck has two devils in him," François replied with a nod.
프랑수아는 고개를 끄덕이며 "벅은 악마가 두 마리나 있는 놈이야."라고 대답했다.

"When I watch Buck, I know something fierce waits in him."

"벅을 보면, 그 안에 사나운 무언가가 도사리고 있다는 걸 알 수 있어요."

"One day, he'll get mad as fire and tear Spitz to pieces."

"어느 날, 그는 불처럼 화가 나서 스피츠를 갈기갈기 찢어놓을 거야."

"He'll chew that dog up and spit him on the frozen snow."

"그는 그 개를 씹어 얼어붙은 눈 위에 뱉어낼 거야."

"Sure as anything, I know this deep in my bones."

"물론이죠, 저는 이걸 뼈 속 깊이 알고 있어요."

From that moment forward, the two dogs were locked in war.

그 순간부터 두 마리의 개는 전쟁을 벌이게 되었습니다.

Spitz led the team and held power, but Buck challenged that.

스피츠는 팀을 이끌고 권력을 쥐고 있었지만, 벅은 그에 도전했습니다.

Spitz saw his rank threatened by this odd Southland stranger.

스피츠는 이 이상한 사우스랜드 낯선 사람 때문에 자신의 계급이 위협받는 것을 보았습니다.

Buck was unlike any southern dog Spitz had known before.

벅은 스피츠가 지금까지 알고 있던 남부의 어떤 개와도 달랐습니다.

Most of them failed—too weak to live through cold and hunger.

그들 대부분은 실패했습니다. 추위와 굶주림을 견뎌내기에는 너무 약했습니다.

They died fast under labor, frost, and the slow burn of famine.

그들은 노동과 추위, 그리고 기근으로 인한 느린 타오르는 열기에 빨리 죽었습니다.

Buck stood apart—stronger, smarter, and more savage each day.

벅은 돋보였습니다. 날이 갈수록 더 강하고, 더 똑똑하고, 더 사나워졌습니다.

He thrived on hardship, growing to match the northern huskies.

그는 어려움을 겪으며 성장하여 북부 허스키와 어깨를 나란히
했습니다.

Buck had strength, wild skill, and a patient, deadly instinct.
벅은 힘과 뛰어난 기술, 그리고 인내심과 치명적인 본능을
가지고 있었습니다.

The man with the club had beaten rashness out of Buck.
곤봉을 든 남자가 벅의 성급함을 몰아냈다.

Blind fury was gone, replaced by quiet cunning and control.
맹목적인 분노는 사라지고 조용한 교활함과 통제력으로
대체되었습니다.

He waited, calm and primal, watching for the right moment.
그는 침착하고 원초적인 자세로 적절한 순간을 기다렸다.

Their fight for command became unavoidable and clear.
그들의 지휘권을 둘러싼 싸움은 피할 수 없고 분명해졌습니다.

Buck desired leadership because his spirit demanded it.
벅은 자신의 정신이 요구했기 때문에 리더십을 원했습니다.

He was driven by the strange pride born of trail and harness.
그는 산길과 굴레에서 비롯된 이상한 자존심에 이끌렸습니다.

That pride made dogs pull till they collapsed on the snow.
그 자존심 때문에 개들은 눈 위에 쓰러질 때까지 힘을
썼습니다.

Pride lured them into giving all the strength they had.
오만함은 그들을 유혹하여 그들이 가진 모든 힘을 바치게
했습니다.

Pride can lure a sled-dog even to the point of death.
교만함은 썰매개를 죽음의 지경까지 유혹할 수 있다.

Losing the harness left dogs broken and without purpose.
하네스를 잃으면 개들은 힘없고 쓸모없는 존재가 됩니다.

**The heart of a sled-dog can be crushed by shame when they
retire.**
썰매를 끄는 개는 은퇴할 때 수치심으로 인해 마음이 상할 수
있다.

Dave lived by that pride as he dragged the sled from behind.
데이브는 썰매를 뒤에서 끌면서 그 자부심에 따라 살았습니다.

Solleks, too, gave his all with grim strength and loyalty.
솔렉스 역시 굳건한 힘과 충성심을 가지고 모든 것을 바쳤다.

Each morning, pride turned them from bitter to determined.

매일 아침, 교만함은 그들을 비통함에서 단호함으로
바꾸었습니다.

They pushed all day, then dropped silent at the camp's end.
그들은 하루 종일 밀고 나갔고, 캠프가 끝나자 아무 말도 하지
않았습니다.

That pride gave Spitz the strength to beat shirkers into line.
그 자부심 덕분에 스피츠는 게으른 자들을 물리치고 규율을
지킬 수 있는 힘을 얻었습니다.

**Spitz feared Buck because Buck carried that same deep
pride.**
스피츠는 벅을 두려워했는데, 벅은 그와 똑같은 깊은 자존심을
가지고 있었기 때문이다.

Buck's pride now stirred against Spitz, and he did not stop.
벅의 자존심은 이제 스피츠에 대해 들끓었고, 그는 멈추지
않았습니다.

**Buck defied Spitz's power and blocked him from punishing
dogs.**
벅은 스피츠의 힘에 저항하여 그가 개를 처벌하는 것을
막았습니다.

**When others failed, Buck stepped between them and their
leader.**
다른 사람들이 실패했을 때, 벅은 그들과 그들의 리더 사이에
들어섰습니다.

**He did this with intent, making his challenge open and
clear.**
그는 의도적으로 이를 행했으며, 자신의 도전을 공개적이고
명확하게 표현했습니다.

**On one night heavy snow blanketed the world in deep
silence.**
어느 날 밤, 폭설이 세상을 깊은 침묵 속에 덮었습니다.

The next morning, Pike, lazy as ever, did not rise for work.
다음날 아침, 파이크는 언제나처럼 게으르며 일하러 일어나지
않았습니다.

He stayed hidden in his nest beneath a thick layer of snow.
그는 두꺼운 눈층 아래 둥지에 숨어 있었습니다.

François called out and searched, but could not find the dog.
프랑수아는 소리쳐 수색했지만 개를 찾을 수 없었다.

Spitz grew furious and stormed through the snow-covered camp.

슈피츠는 격노하여 눈 덮인 캠프를 습격했습니다.

He growled and sniffed, digging madly with blazing eyes.

그는 으르렁거리고 냄새를 맡으며, 불타는 눈으로 미친 듯이 땅을 파헤쳤다.

His rage was so fierce that Pike shook under the snow in fear.

그의 분노가 너무 강렬해서 파이크는 눈 속에서 두려움에 떨었습니다.

When Pike was finally found, Spitz lunged to punish the hiding dog.

파이크가 마침내 발견되자, 스피츠는 숨어 있던 개를 처벌하기 위해 달려들었다.

But Buck sprang between them with a fury equal to Spitz's own.

하지만 벅은 스피츠와 마찬가지로 격노하여 그들 사이에 뛰어들었다.

The attack was so sudden and clever that Spitz fell off his feet.

그 공격은 너무 갑작스럽고 교묘해서 스피츠는 넘어졌다.

Pike, who had been shaking, took courage from this defiance.

떨고 있던 파이크는 이 도전에서 용기를 얻었습니다.

He leapt on the fallen Spitz, following Buck's bold example.

그는 벅의 대담한 모범을 따라 쓰러진 스피츠 위로 뛰어올랐다.

Buck, no longer bound by fairness, joined the strike on Spitz.

더 이상 공정성에 얽매이지 않은 벅은 스피츠의 파업에 합류했습니다.

François, amused yet firm in discipline, swung his heavy lash.

프랑수아는 즐거워하면서도 단호하게 규율을 지키며 무거운 채찍을 휘둘렀다.

He struck Buck with all his strength to break up the fight.

그는 싸움을 중단시키기 위해 온 힘을 다해 벅을 때렸다.

Buck refused to move and stayed atop the fallen leader.

벅은 움직이기를 거부하고 쓰러진 리더 위에 머물렀다.

François then used the whip's handle, hitting Buck hard.
프랑수아는 채찍 자루를 이용해 벅을 세게 때렸다.

Staggering from the blow, Buck fell back under the assault.
타격으로 비틀거리던 벅은 공격에 다시 쓰러졌다.

François struck again and again while Spitz punished Pike.
프랑수아는 계속해서 공격했고, 스피츠는 파이크를
처벌했습니다.

Days passed, and Dawson City grew nearer and nearer.
시간이 흐르면서 도슨시티는 점점 더 가까워졌습니다.

Buck kept interfering, slipping between Spitz and other dogs.
벅은 계속해서 스피츠와 다른 개들 사이를 끼어들며
간섭했습니다.

He chose his moments well, always waiting for François to leave.
그는 프랑수아가 떠날 때를 항상 기다리며 순간을 잘
선택했습니다.

Buck's quiet rebellion spread, and disorder took root in the team.
벅의 조용한 반항은 퍼져나갔고, 팀 내에 혼란이 뿌리를
내렸습니다.

Dave and Solleks stayed loyal, but others grew unruly.
데이브와 솔렉스는 충성을 다했지만, 다른 사람들은 점점 더
어수선해졌습니다.

The team grew worse—restless, quarrelsome, and out of line.
팀은 점점 더 나빠졌습니다. 불안하고, 다투기 좋아하고, 선을
넘었습니다.

Nothing worked smoothly anymore, and fights became common.
더 이상 모든 일이 순조롭게 진행되지 않았고, 싸움이
잦아졌습니다.

Buck stayed at the heart of the trouble, always provoking unrest.
벅은 항상 문제의 중심에 있었고, 항상 불안을 야기했습니다.

François stayed alert, afraid of the fight between Buck and Spitz.
프랑수아는 벅과 스피츠 사이의 싸움이 두려워서 경계를 늦추지 않았습니다.

Each night, scuffles woke him, fearing the beginning finally arrived.
매일 밤 싸움으로 인해 그는 깨어났고, 마침내 시작이 온 것을 두려워했습니다.

He leapt from his robe, ready to break up the fight.
그는 싸움을 중단시키려고 옷을 벗었다.

But the moment never came, and they reached Dawson at last.
하지만 그 순간은 결코 오지 않았고, 그들은 마침내 도슨에 도착했습니다.

The team entered the town one bleak afternoon, tense and quiet.
어느 날 오후, 그 팀은 긴장되고 조용한 분위기 속에서 마을에 들어갔습니다.

The great battle for leadership still hung in the frozen air.
지도력을 위한 큰 싸움은 아직도 얼어붙은 공기 속에 머물러 있었습니다.

Dawson was full of men and sled-dogs, all busy with work.
도슨은 일로 분주한 남자와 썰매개들로 가득 차 있었습니다.

Buck watched the dogs pull loads from morning until night.
벅은 아침부터 저녁까지 개들이 짐을 끄는 것을 지켜보았습니다.

They hauled logs and firewood, freighted supplies to the mines.
그들은 통나무와 장작을 끌고 광산으로 물품을 실어 날랐습니다.

Where horses once worked in the Southland, dogs now labored.
한때 남부 지방에서는 말이 일하던 곳이 이제는 개들이 일하고 있습니다.

Buck saw some dogs from the South, but most were wolf-like huskies.
벅은 남쪽에서 온 개 몇 마리를 보았지만, 대부분은 늑대와 비슷한 허스키였습니다.

At night, like clockwork, the dogs raised their voices in song.
밤이 되면 정해진 시간마다 개들은 목소리를 높여 노래를
불렀습니다.

At nine, at midnight, and again at three, the singing began.
오전 9시, 자정, 그리고 다시 오후 3시에 노래가
시작되었습니다.

Buck loved joining their eerie chant, wild and ancient in sound.
벅은 그들의 기괴하고 거친 노래에 동참하는 것을 좋아했는데,
그 소리는 거칠고 고대적이었다.

The aurora flamed, stars danced, and snow blanketed the land.
오로라가 타오르고, 별들이 춤을 추고, 눈이 땅을 덮었습니다.

The dogs' song rose as a cry against silence and bitter cold.
개들의 노래는 침묵과 매서운 추위에 대한 외침으로 울려
퍼졌습니다.

But their howl held sorrow, not defiance, in every long note.
하지만 그들의 울부짖음은 긴 음표 하나하나에 반항이 아닌
슬픔을 담고 있었습니다.

Each wailing cry was full of pleading; the burden of life itself.
그들의 애원에는 모두 간청이 가득했고, 그것은 바로 삶의
무게였습니다.

That song was old—older than towns, and older than fires
그 노래는 오래되었습니다. 마을보다 오래되었고, 불보다
오래되었습니다.

That song was more ancient even than the voices of men.
그 노래는 사람의 목소리보다도 더 오래된 것이었다.

It was a song from the young world, when all songs were sad.
그것은 모든 노래가 슬픈 시절의 젊은 시절의 노래였습니다.

The song carried sorrow from countless generations of dogs.
그 노래는 수많은 세대의 개들의 슬픔을 담고 있었습니다.

Buck felt the melody deeply, moaning from pain rooted in the ages.
벅은 그 멜로디를 깊이 느꼈고, 세월에 뿌리를 둔 고통으로
신음했습니다.

He sobbed from a grief as old as the wild blood in his veins.
그는 그의 혈관 속에 흐르는 거친 피만큼이나 오래된 슬픔
때문에 흐느꼈다.

The cold, the dark, and the mystery touched Buck's soul.
추위, 어둠, 신비로움이 벅의 영혼을 감동시켰습니다.

That song proved how far Buck had returned to his origins.
그 노래는 벅이 얼마나 본래의 모습으로 돌아왔는지
보여주었습니다.

Through snow and howling he had found the start of his own life.
그는 눈과 울부짖음 속에서 자신의 삶의 시작을 찾았습니다.

Seven days after arriving in Dawson, they set off once again.
도슨에 도착한 지 7일 만에 그들은 다시 출발했습니다.

The team dropped from the Barracks down to the Yukon Trail.
팀은 막사에서 유콘 트레일로 내려갔습니다.

They began the journey back toward Dyea and Salt Water.
그들은 다이아와 솔트워터를 향해 여행을 시작했습니다.

Perrault carried dispatches even more urgent than before.
페로는 이전보다 더 긴급한 전문을 전달했습니다.

He was also seized by trail pride and aimed to set a record.
그는 또한 트레일 프라이드에 사로잡혀 기록을 세우는 것을
목표로 삼았습니다.

This time, several advantages were on Perrault's side.
이번에는 페로에게 여러 가지 이점이 있었습니다.

The dogs had rested for a full week and regained their strength.
개들은 일주일 동안 휴식을 취하고 힘을 회복했습니다.

The trail they had broken was now hard-packed by others.
그들이 개척한 길은 이제 다른 사람들에 의해 단단히 다져져
있었습니다.

In places, police had stored food for dogs and men alike.
곳곳에는 경찰이 개와 사람을 위한 음식을 비축해 두었습니다.

Perrault traveled light, moving fast with little to weigh him down.
페로는 가볍게 여행했고, 무거운 짐도 거의 없이 빠르게
움직였다.

They reached Sixty-Mile, a fifty-mile run, by the first night.
그들은 첫날밤에 50마일 거리인 60마일을 달렸습니다.

On the second day, they rushed up the Yukon toward Pelly.
둘째 날, 그들은 유콘 강을 따라 펠리를 향해 달려갔습니다.

But such fine progress came with much strain for François.
하지만 그러한 훌륭한 진전은 프랑수아에게는 큰 부담으로
다가왔습니다.

Buck's quiet rebellion had shattered the team's discipline.
벅의 조용한 반항은 팀의 규율을 깨뜨렸다.

They no longer pulled together like one beast in the reins.
그들은 더 이상 한 마리의 짐승처럼 고삐를 잡고 함께
움직이지 않았습니다.

Buck had led others into defiance through his bold example.
벅은 그의 대담한 모범을 통해 다른 사람들을 저항으로
이끌었습니다.

Spitz's command was no longer met with fear or respect.
슈피츠의 명령은 더 이상 두려움이나 존경으로 받아들여지지
않았습니다.

The others lost their awe of him and dared to resist his rule.
다른 사람들은 그에 대한 경외심을 잃고 그의 통치에
저항했습니다.

One night, Pike stole half a fish and ate it under Buck's eye.
어느 날 밤, 파이크는 물고기 반 마리를 훔쳐서 벅의 눈 밑에서
먹었습니다.

Another night, Dub and Joe fought Spitz and went
unpunished.
또 다른 날 밤, 더브와 조는 스피츠와 싸웠지만 아무런 처벌도
받지 않았습니다.

Even Billee whined less sweetly and showed new sharpness.
빌리조차도 덜 달콤하게 징징거리고 새로운 날카로움을
보여주었다.

Buck snarled at Spitz every time they crossed paths.
벅은 스피츠와 마주칠 때마다 으르렁거렸다.

Buck's attitude grew bold and threatening, nearly like a
bully.
벅의 태도는 점점 더 대담해지고 위협적이 되었으며, 거의
괴롭힘꾼과도 같았다.

He paced before Spitz with a swagger, full of mocking menace.

그는 조롱하는 듯한 위협감으로 가득 찬 거만한 태도로 스피츠 앞을 왔다 갔다 했습니다.

That collapse of order also spread among the sled-dogs.

그러한 질서의 붕괴는 썰매개들 사이에도 퍼져나갔습니다.

They fought and argued more than ever, filling camp with noise.

그들은 그 어느 때보다 더 많이 싸우고 논쟁했으며, 캠프 안은 소음으로 가득 찼습니다.

Camp life turned into a wild, howling chaos each night.

캠프 생활은 매일 밤 거칠고 울부짖는 혼돈으로 변했습니다.

Only Dave and Solleks remained steady and focused.

오직 데이브와 솔렉스만이 흔들림 없이 집중했습니다.

But even they became short-tempered from the constant brawls.

하지만 그들도 끊임없는 싸움으로 인해 화를 내기 시작했습니다.

François cursed in strange tongues and stomped in frustration.

프랑수아는 이상한 언어로 욕설을 내뱉으며 좌절감에 발을 구르며 걸었다.

He tore at his hair and shouted while snow flew underfoot.

그는 머리카락을 쥐어뜯으며 비명을 질렀고, 발밑에서는 눈이 날렸다.

His whip snapped across the pack but barely kept them in line.

그의 채찍은 무리를 가로질러 날아갔지만 간신히 그들을 일렬로 세웠다.

Whenever his back was turned, the fighting broke out again.

그가 등을 돌릴 때마다 싸움은 다시 일어났다.

François used the lash for Spitz, while Buck led the rebels.

프랑수아는 스피츠를 위해 채찍을 사용했고, 벅은 반군을 이끌었습니다.

Each knew the other's role, but Buck avoided any blame.

둘은 서로의 역할을 알고 있었지만, 벅은 비난을 피했다.

François never caught Buck starting a fight or shirking his job.

프랑수아는 벅이 싸움을 시작하거나 일을 게을리 하는 것을 본 적이 없습니다.

Buck worked hard in harness — the toil now thrilled his spirit.
벅은 열심히 일했습니다. 그 노동이 그의 정신을 설레게 했습니다.

But he found even more joy in stirring fights and chaos in camp.
하지만 그는 캠프 내에서 싸움과 혼란을 일으키는 데서 더 큰 즐거움을 발견했습니다.

At the Tahkeena's mouth one evening, Dub startled a rabbit.
어느 날 저녁, 타키나의 입에서 더브는 토끼 한 마리를 놀라게 했습니다.

He missed the catch, and the snowshoe rabbit sprang away.
그는 잡는 데 실패했고, 눈신발토끼는 뛰어 달아났다.

In seconds, the entire sled team gave chase with wild cries.
몇 초 만에 썰매 팀 전체가 격렬한 함성을 지르며 추격을 시작했습니다.

Nearby, a Northwest Police camp housed fifty husky dogs.
근처의 노스웨스트 경찰 캠프에는 허스키 개 50마리가 있었습니다.

They joined the hunt, surging down the frozen river together.
그들은 사냥에 합류하여 얼어붙은 강을 따라 함께 내려갔습니다.

The rabbit turned off the river, fleeing up a frozen creek bed.
토끼는 강에서 방향을 돌려 얼어붙은 개울바닥을 따라 도망쳤다.

The rabbit skipped lightly over snow while the dogs struggled through.
토끼는 눈 위를 가볍게 뛰어넘었고, 개들은 힘겹게 눈 속을 헤쳐 나갔습니다.

Buck led the massive pack of sixty dogs around each twisting bend.
벅은 60마리의 개로 이루어진 거대한 무리를 이끌고 구불구불한 길을 돌아다녔습니다.

He pushed forward, low and eager, but could not gain ground.

그는 몸을 낮게 하고 열의적으로 앞으로 나아갔지만, 더 이상 진전을 이룰 수 없었다.

His body flashed under the pale moon with each powerful leap.

그의 몸은 힘차게 뛰어오를 때마다 희미한 달빛 아래에서 번쩍였다.

Ahead, the rabbit moved like a ghost, silent and too fast to catch.

토끼는 앞에서 유령처럼 조용히 움직이며 따라잡을 수 없을 만큼 빠르게 움직였다.

All those old instincts — the hunger, the thrill — rushed through Buck.

그 모든 오래된 본능, 즉 배고픔과 설렘이 벅의 몸속으로 밀려들었다.

Humans feel this instinct at times, driven to hunt with gun and bullet.

인간은 때때로 총과 총알을 이용해 사냥하려는 본능을 느낀다.

But Buck felt this feeling on a deeper and more personal level.

하지만 벅은 이 느낌을 더 깊고 개인적인 차원에서 느꼈습니다.

They could not feel the wild in their blood the way Buck could feel it.

그들은 벅이 느낄 수 있었던 것처럼 자신의 피 속에 흐르는 야생성을 느낄 수 없었다.

He chased living meat, ready to kill with his teeth and taste blood.

그는 살아 있는 고기를 쫓아다니며 이빨로 죽이고 피의 맛을 볼 준비를 했습니다.

His body strained with joy, wanting to bathe in warm red life.

그의 몸은 기쁨으로 뻐근했고, 따뜻한 붉은 생명에 몸을 담그고 싶어했습니다.

A strange joy marks the highest point life can ever reach.

이상한 기쁨은 인생이 도달할 수 있는 가장 높은 지점을 나타낸다.

The feeling of a peak where the living forget they are even alive.
살아있는 사람들이 자신이 살아 있다는 사실조차 잊어버리는 절정의 느낌.

This deep joy touches the artist lost in blazing inspiration.
이 깊은 기쁨은 타오르는 영감에 휩싸인 예술가를 감동시킵니다.

This joy seizes the soldier who fights wildly and spares no foe.
이 기쁨은 맹렬하게 싸우고 적을 하나도 아끼지 않는 군인을 사로잡습니다.

This joy now claimed Buck as he led the pack in primal hunger.
이 기쁨은 이제 벽을 사로잡았고 그는 원시적 배고픔 속에서 무리를 이끌었다.

He howled with the ancient wolf-cry, thrilled by the living chase.
그는 살아있는 늑대의 추격에 신이 나서 고대 늑대의 울부짖음처럼 울부짖었다.

Buck tapped into the oldest part of himself, lost in the wild.
벅은 자연 속에서 길을 잃은 자신의 가장 오래된 부분을 활용했습니다.

He reached deep within, past memory, into raw, ancient time.
그는 깊은 내면, 과거의 기억, 원시적이고 고대의 시간에 접근했습니다.

A wave of pure life surged through every muscle and tendon.
순수한 생명의 파도가 모든 근육과 힘줄을 통해 쇄도했습니다.

Each leap shouted that he lived, that he moved through death.
매번 뛰어오를 때마다 그는 살아있고, 죽음을 통과해 나간다는 것을 외쳤습니다.

His body soared joyfully over still, cold land that never stirred.
그의 몸은 움직이지 않는 차갑고 고요한 땅 위로 기쁨에 넘쳐 날아올랐다.

Spitz stayed cold and cunning, even in his wildest moments.

스피츠는 가장 격렬한 순간에도 냉정함과 교활함을
유지했습니다.

**He left the trail and crossed land where the creek curved
wide.**
그는 산길을 벗어나 개울이 넓게 휘어지는 땅을 건넜습니다.

Buck, unaware of this, stayed on the rabbit's winding path.
벅은 이 사실을 모르고 토끼가 지나간 구불구불한 길에
머물렀습니다.

**Then, as Buck rounded a bend, the ghost-like rabbit was
before him.**
그때, 벅이 굽은길을 돌자 유령 같은 토끼가 그의 앞에
나타났습니다.

**He saw a second figure leap from the bank ahead of the
prey.**
그는 먹이보다 앞서 강둑에서 두 번째 인물이 뛰어오르는 것을
보았습니다.

**The figure was Spitz, landing right in the path of the fleeing
rabbit.**
그 인물은 바로 스피츠였는데, 도망치는 토끼의 경로에 바로
착륙했습니다.

The rabbit could not turn and met Spitz's jaws in mid-air.
토끼는 돌아설 수 없었고 공중에서 스피츠의 턱에 부딪혔다.

**The rabbit's spine broke with a shriek as sharp as a dying
human's cry.**
토끼의 척추가 죽어가는 사람의 울음소리처럼 날카로운
비명과 함께 부러졌습니다.

**At that sound—the fall from life to death—the pack howled
loud.**
그 소리, 즉 삶에서 죽음으로의 추락 소리에 무리는 크게
울부짖었다.

A savage chorus rose from behind Buck, full of dark delight.
벅의 뒤에서 어둠의 기쁨으로 가득 찬 야만적인 합창이 울려
퍼졌습니다.

Buck gave no cry, no sound, and charged straight into Spitz.
벅은 울음소리도 내지 않고 소리도 내지 않고 스피츠에게 곧장
달려들었다.

He aimed for the throat, but struck the shoulder instead.
그는 목을 노렸지만 대신 어깨를 맞혔습니다.

They tumbled through soft snow; their bodies locked in combat.
그들은 부드러운 눈 속을 굴러다녔고, 그들의 몸은 전투에 갇혔습니다.

Spitz sprang up quickly, as if never knocked down at all.
스피츠는 마치 쓰러진 적이 없는 것처럼 재빨리 일어섰다.

He slashed Buck's shoulder, then leaped clear of the fight.
그는 벅의 어깨를 베고 나서 싸움터에서 뛰어내렸습니다.

Twice his teeth snapped like steel traps, lips curled and fierce.
그의 이빨이 강철 함정처럼 두 번이나 부러졌고, 입술은 말려 올라 사나워졌다.

He backed away slowly, seeking firm ground under his feet.
그는 천천히 뒤로 물러나면서 발 밑의 튼튼한 땅을 찾았습니다.

Buck understood the moment instantly and fully.
벅은 그 순간을 즉시 완벽하게 이해했습니다.

The time had come; the fight was going to be a fight to the death.
그 순간이 왔습니다. 싸움은 죽음을 향한 싸움이 될 것입니다.

The two dogs circled, growling, ears flat, eyes narrowed.
두 마리의 개가 으르렁거리며 돌아다녔는데, 귀는 납작하고 눈은 가늘었다.

Each dog waited for the other to show weakness or misstep.
각 개는 다른 개들이 약해지거나 실수를 보일 때까지 기다렸습니다.

To Buck, the scene felt eerily known and deeply remembered.
벅은 그 장면이 섬뜩할 정도로 친숙하고 깊이 기억되는 것을 느꼈다.

The white woods, the cold earth, the battle under moonlight.
하얀 숲, 차가운 땅, 달빛 아래의 전투.

A heavy silence filled the land, deep and unnatural.
땅은 깊고 부자연스러운 무거운 침묵으로 가득 찼다.

No wind stirred, no leaf moved, no sound broke the stillness.
바람도 움직이지 않았고, 나뭇잎도 움직이지 않았으며, 소리도 고요함을 깨지 않았습니다.

The dogs' breaths rose like smoke in the frozen, quiet air.
얼어붙은 조용한 공기 속에서 개들의 숨소리가 연기처럼
올라갔다.

The rabbit was long forgotten by the pack of wild beasts.
토끼는 야생 짐승 무리에게서 오랫동안 잊혀졌습니다.

These half-tamed wolves now stood still in a wide circle.
이제 반쯤 길들여진 늑대들은 넓은 원을 그리며 움직이지 않고
서 있었습니다.

**They were quiet, only their glowing eyes revealed their
hunger.**
그들은 조용했고, 빛나는 눈만이 배고픔을 드러냈다.

Their breath drifted upward, watching the final fight begin.
그들은 마지막 싸움이 시작되는 것을 지켜보며 숨을 위로
들이쉬었다.

To Buck, this battle was old and expected, not strange at all.
벅에게 이 전투는 오래되고 예상된 일이었으며, 전혀 이상하지
않았습니다.

It felt like a memory of something always meant to happen.
그것은 항상 일어나기로 되어 있던 일에 대한 기억처럼
느껴졌습니다.

**Spitz was a trained fighting dog, honed by countless wild
brawls.**
스피츠는 수많은 격렬한 싸움을 통해 단련된 싸움개였습니다.

From Spitzbergen to Canada, he had mastered many foes.
슈피츠베르겐에서 캐나다까지 그는 많은 적을 물리쳤습니다.

He was filled with fury, but never gave control to rage.
그는 분노에 차 있었지만 결코 분노에 굴복하지 않았습니다.

**His passion was sharp, but always tempered by hard
instinct.**
그의 열정은 강렬했지만, 항상 냉정한 본능으로
누그러졌습니다.

He never attacked until his own defense was in place.
그는 자신의 방어가 확립될 때까지 결코 공격하지 않았습니다.

Buck tried again and again to reach Spitz's vulnerable neck.
벅은 스피츠의 취약한 목에 닿기 위해 계속해서 노력했습니다.

But every strike was met by a slash from Spitz's sharp teeth.
하지만 모든 공격은 스피츠의 날카로운 이빨에 의해
저지되었습니다.

Their fangs clashed, and both dogs bled from torn lips.
그들의 송곳니가 부딪혔고, 두 마리의 개 모두 입술이 찢어져 피를 흘렸습니다.

No matter how Buck lunged, he couldn't break the defense.
벅이 아무리 달려들더라도 방어선을 무너뜨릴 수는 없었다.

He grew more furious, rushing in with wild bursts of power.
그는 점점 더 격노하며, 엄청난 힘을 폭발시키며 돌진했습니다.

Again and again, Buck struck for the white throat of Spitz.
벅은 계속해서 스피츠의 흰 목을 노렸다.

Each time Spitz evaded and struck back with a slicing bite.
그때마다 스피츠는 회피하며 날카로운 물기로 반격했다.

Then Buck shifted tactics, rushing as if for the throat again.
그러자 벅은 전략을 바꾸어 다시 목을 노리듯 달려들었다.

But he pulled back mid-attack, turning to strike from the side.
하지만 그는 공격 도중 뒤로 물러나 측면에서 공격을 가했습니다.

He threw his shoulder into Spitz, aiming to knock him down.
그는 스피츠를 쓰러뜨리려고 어깨를 휘둘렀다.

Each time he tried, Spitz dodged and countered with a slash.
그가 시도할 때마다 스피츠는 피하고 베기로 반격했다.

Buck's shoulder grew raw as Spitz leapt clear after every hit.
스피츠가 매번 공격을 가할 때마다 벅의 어깨는 찢어졌다.

Spitz had not been touched, while Buck bled from many wounds.
스피츠는 손도 대지 않은 반면, 벅은 많은 상처에서 피를 흘리고 있었습니다.

Buck's breath came fast and heavy, his body slick with blood.
벅의 숨은 빠르고 거칠었고, 그의 몸은 피로 미끈거렸다.

The fight turned more brutal with each bite and charge.
물고 돌진할수록 싸움은 더욱 잔혹해졌습니다.

Around them, sixty silent dogs waited for the first to fall.
그들 주변에는 60마리의 개들이 조용히 첫 번째 개가 쓰러지기를 기다리고 있었습니다.

If one dog dropped, the pack were going to finish the fight.

개 한 마리라도 쓰러지면 무리 전체가 싸움을 끝낼 수
있었습니다.

Spitz saw Buck weakening, and began to press the attack.
스피츠는 벅이 약해지는 것을 보고 공격을 시작했습니다.

He kept Buck off balance, forcing him to fight for footing.
그는 벅의 균형을 깨뜨려 균형을 잡기 위해 싸우게 했습니다.

Once Buck stumbled and fell, and all the dogs rose up.
어느 날 벅이 비틀거리며 넘어지자, 모든 개들이
일어섰습니다.

**But Buck righted himself mid-fall, and everyone sank back
down.**
하지만 벅은 넘어지는 도중에 다시 일어섰고, 모두 다시
쓰러졌습니다.

**Buck had something rare—imagination born from deep
instinct.**
벅은 희귀한 것을 가지고 있었습니다. 깊은 본능에서 태어난
상상력이죠.

He fought by natural drive, but he also fought with cunning.
그는 타고난 추진력으로 싸웠지만, 또한 교활함으로도
싸웠습니다.

He charged again as if repeating his shoulder attack trick.
그는 마치 어깨 공격 기술을 반복하듯 다시 돌격했다.

**But at the last second, he dropped low and swept beneath
Spitz.**
하지만 마지막 순간에 그는 몸을 낮춰 스피츠 밑으로 스쳐
지나갔습니다.

His teeth locked on Spitz's front left leg with a snap.
그의 이빨이 스피츠의 왼쪽 앞다리에 딱 맞았습니다.

Spitz now stood unsteady, his weight on only three legs.
이제 스피츠는 세 개의 다리에 무게를 실은 채 불안정하게 서
있었습니다.

Buck struck again, tried three times to bring him down.
벅은 다시 공격하여 세 번이나 그를 쓰러뜨리려고
시도했습니다.

On the fourth attempt he used the same move with success
네 번째 시도에서 그는 같은 기술을 사용해 성공했습니다.

This time Buck managed to bite the right leg of Spitz.
이번에는 벅이 스피츠의 오른쪽 다리를 물었습니다.

Spitz, though crippled and in agony, kept struggling to survive.
슈피츠는 다리를 절고 고통받았지만 살아남기 위해 계속 노력했습니다.

He saw the circle of huskies tighten, tongues out, eyes glowing.
그는 허스키들이 모여서 혀를 내밀고 눈을 반짝이며 서로 뭉쳐 있는 것을 보았습니다.

They waited to devour him, just as they had done to others.
그들은 다른 이들에게 했던 것처럼 그를 잡아먹으려고 기다렸다.

This time, he stood in the center; defeated and doomed.
이번에는 그는 중앙에 섰습니다. 패배하고 파멸한 것입니다.

There was no option to escape for the white dog now.
이제 흰 개에게는 탈출할 방법이 없었습니다.

Buck showed no mercy, for mercy did not belong in the wild.
벅은 자비를 보이지 않았습니다. 자비는 야생에서 있어서는 안 되는 것이었기 때문입니다.

Buck moved carefully, setting up for the final charge.
벅은 마지막 돌격을 준비하며 조심스럽게 움직였다.

The circle of huskies closed in; he felt their warm breaths.
허스키 무리가 모여들었고, 그는 그들의 따뜻한 숨결을 느꼈다.

They crouched low, prepared to spring when the moment came.
그들은 몸을 낮게 굽히고, 때가 되면 뛰어내릴 준비를 했습니다.

Spitz quivered in the snow, snarling and shifting his stance.
스피츠는 눈 속에서 몸을 떨며 으르렁거리고 자세를 바꿨다.

His eyes glared, lips curled, teeth flashing in desperate threat.
그의 눈은 번쩍였고, 입술은 삐죽 튀어나왔고, 이빨은 절박한 위협으로 빛났다.

He staggered, still trying to hold off the cold bite of death.
그는 비틀거리며 죽음의 차가운 물림을 막으려고 계속 노력했습니다.

He had seen this before, but always from the winning side.

그는 이런 광경을 이전에도 보았지만, 항상 이기는 쪽에서 보았습니다.

Now he was on the losing side; the defeated; the prey; death.
이제 그는 패배자, 먹잇감, 죽음의 편에 섰습니다.

Buck circled for the final blow, the ring of dogs pressed closer.
벅은 마지막 일격을 가하기 위해 돌아섰고, 개들의 고리는 더욱 가까이 다가왔다.

He could feel their hot breaths; ready for the kill.
그는 그들의 뜨거운 숨결을 느낄 수 있었고, 죽일 준비가 되었습니다.

A stillness fell; all was in its place; time had stopped.
고요함이 찾아왔다. 모든 것이 제자리에 있었고, 시간이 멈췄다.

Even the cold air between them froze for one last moment.
그들 사이의 차가운 공기마저 마지막 순간 얼어붙었다.

Only Spitz moved, trying to hold off his bitter end.
오직 스피츠만이 움직이며 그의 쓰라린 최후를 막으려 애썼다.

The circle of dogs was closing in around him, as was his destiny.
개들의 무리가 그의 주위로 다가오고 있었고, 그의 운명도 마찬가지였다.

He was desperate now, knowing what was about to happen.
그는 무슨 일이 일어날지 알고 있었기 때문에 절망적이었습니다.

Buck sprang in, shoulder met shoulder one last time.
벅이 달려들어 마지막으로 어깨를 맞댔다.

The dogs surged forward, covering Spitz in the snowy dark.
개들은 앞으로 달려나가며 눈 덮인 어둠 속에서 스피츠를 덮쳤다.

Buck watched, standing tall; the victor in a savage world.
벅은 당당하게 서서 지켜보았다. 야만적인 세상의 승자.

The dominant primordial beast had made its kill, and it was good.
지배적인 원시 짐승이 먹이를 죽였고, 그것은 좋은 일이었습니다.

He, Who Has Won to Mastership
마스터십을 획득한 자

"Eh? What did I say? I speak true when I say Buck is a devil."

"어? 내가 뭐라고 했지? 벅이 악마라고 한 건 진심이야."

François said this the next morning after finding Spitz missing.

프랑수아는 스피츠가 실종된 것을 발견한 다음 날 아침 이렇게 말했습니다.

Buck stood there, covered with wounds from the vicious fight.

벅은 잔혹한 싸움으로 인한 상처로 뒤덮인 채 거기 서 있었다.

François pulled Buck near the fire and pointed at the injuries.

프랑수아는 벅을 불 가까이로 끌고 가서 부상 부위를 가리켰다.

"That Spitz fought like the Devik," said Perrault, eyeing the deep gashes.

페로는 깊은 상처를 눈여겨보며 "스피츠는 데빅처럼 싸웠다"고 말했다.

"And that Buck fought like two devils," François replied at once.

"그리고 벅은 마치 두 악마처럼 싸웠죠." 프랑수아가 즉시 대답했다.

"Now we will make good time; no more Spitz, no more trouble."

"이제 우리는 좋은 시간을 보낼 수 있을 거야. 더 이상 스피츠도 없고, 더 이상 문제도 없을 거야."

Perrault was packing the gear and loaded the sled with care.

페로는 장비를 챙기고 조심스럽게 썰매에 짐을 싣습니다.

François harnessed the dogs in preparation for the day's run.

프랑수아는 그날 달리기에 대비해 개들에게 마구를 채웠습니다.

Buck trotted straight to the lead position once held by Spitz.

벅은 스피츠가 차지했던 선두 자리를 향해 곧장 달려갔다.

But François, not noticing, led Solleks forward to the front.

그러나 프랑수아는 이를 알아차리지 못하고 솔렉스를 앞으로 이끌었다.

In François's judgment, Solleks was now the best lead-dog.
프랑수아의 판단에 따르면, 이제 솔렉스가 가장 훌륭한 리더였습니다.

Buck sprang at Solleks in fury and drove him back in protest.
벅은 분노하여 솔렉스에게 달려들어 항의하며 그를 몰아냈다.

He stood where Spitz once had stood, claiming the lead position.
그는 스피츠가 서 있던 자리에 서서 선두 자리를 차지했습니다.

"Eh? Eh?" cried François, slapping his thighs in amusement.
"어? 어?" 프랑수아는 허벅지를 때리며 즐거워하며 소리쳤다.

"Look at Buck—he killed Spitz, now he wants to take the job!"
"벅을 봐. 그는 스피츠를 죽였어. 이제 그 자리를 차지하려고 하는 거야!"

"Go away, Chook!" he shouted, trying to drive Buck away.
"가버려, 추크!" 그는 벅을 쫓아내려고 소리쳤다.

But Buck refused to move and stood firm in the snow.
하지만 벅은 움직이기를 거부하고 눈 속에 굳건히 서 있었습니다.

François grabbed Buck by the scruff, dragging him aside.
프랑수아는 벅의 목덜미를 붙잡고 옆으로 끌고 갔다.

Buck growled low and threateningly but did not attack.
벅은 낮고 위협적으로 으르렁거렸지만 공격하지는 않았습니다.

François put Solleks back in the lead, trying to settle the dispute
프랑수아는 솔렉스 를 다시 선두로 올려놓고 분쟁을 해결하려고 노력했습니다.

The old dog showed fear of Buck and didn't want to stay.
늙은 개는 벅을 두려워해서 머물고 싶어하지 않았습니다.

When François turned his back, Buck drove Solleks out again.
프랑수아가 등을 돌리자 벅은 다시 솔렉스를 몰아냈다.

Solleks did not resist and quietly stepped aside once more.

솔렉스는 저항하지 않고 다시 한 번 조용히 물러섰다.

François grew angry and shouted, "By God, I fix you!"
프랑수아는 화가 나서 "신이시여, 내가 당신을
고쳐드리겠습니다!"라고 소리쳤습니다.

He came toward Buck holding a heavy club in his hand.
그는 무거운 곤봉을 손에 들고 벅에게 다가갔다.

Buck remembered the man in the red sweater well.
벅은 빨간 스웨터를 입은 남자를 잘 기억하고 있었다.

He retreated slowly, watching François, but growling deeply.
그는 천천히 물러서며 프랑수아를 바라보았지만, 깊게
으르렁거렸다.

He did not rush back, even when Solleks stood in his place.
그는 솔렉스가 자리에 섰을 때에도 서둘러 돌아가지
않았습니다.

Buck circled just beyond reach, snarling in fury and protest.
벅은 분노와 항의로 으르렁거리며 손이 닿지 않는 곳까지
돌아다녔다.

He kept his eyes on the club, ready to dodge if François threw.
그는 프랑수아가 던지면 피할 준비를 하며 곤봉에서 눈을 떼지
않았다.

He had grown wise and wary in the ways of men with weapons.
그는 무기를 든 사람들의 행동에 대해 현명해지고
조심스러워졌습니다.

François gave up and called Buck to his former place again.
프랑수아는 포기하고 벅을 다시 원래 있던 자리로 불렀다.

But Buck stepped back cautiously, refusing to obey the order.
하지만 벅은 조심스럽게 물러서며 명령을 따르기를
거부했습니다.

François followed, but Buck only retreated a few steps more.
프랑수아가 뒤따랐지만, 벅은 단지 몇 걸음 더 물러섰을
뿐이었다.

After some time, François threw the weapon down in frustration.
얼마 후, 프랑수아는 좌절감에 빠져 무기를 내던졌습니다.

He thought Buck feared a beating and was going to come quietly.

그는 벅이 구타당할까봐 조용히 올 것이라고 생각했습니다.

But Buck wasn't avoiding punishment—he was fighting for rank.

하지만 벅은 처벌을 피한 것이 아니었습니다. 그는 계급을 위해 싸웠습니다.

He had earned the lead-dog spot through a fight to the death

그는 죽음을 향한 싸움을 통해 선두견 자리를 차지했습니다.

he was not going to settle for anything less than being the leader.

그는 리더가 되는 것보다 더 낮은 지위에는 만족할 생각이 없었습니다.

Perrault took a hand in the chase to help catch the rebellious Buck.

페로는 반항적인 벅을 잡기 위해 추격전에 참여했습니다.

Together, they ran him around the camp for nearly an hour.

그들은 그를 캠프 주변으로 거의 한 시간 동안 데리고 다녔다.

They hurled clubs at him, but Buck dodged each one skillfully.

그들은 그에게 곤봉을 던졌지만, 벅은 모두 능숙하게 피했다.

They cursed him, his ancestors, his descendants, and every hair on him.

그들은 그와 그의 조상, 그의 후손, 그리고 그의 털끝 하나까지 저주했습니다.

But Buck only snarled back and stayed just out of their reach.

하지만 벅은 으르렁거리며 그들의 손이 닿지 않는 곳에 머물렀다.

He never tried to run away but circled the camp deliberately.

그는 도망치려고 하지 않고 의도적으로 캠프 주위를 돌았습니다.

He made it clear he was going to obey once they gave him what he wanted.

그는 원하는 것을 주면 복종하겠다고 분명히 했습니다.

François finally sat down and scratched his head in frustration.

프랑수아는 마침내 앉아서 좌절감에 머리를 긁었다.

Perrault checked his watch, swore, and muttered about lost time.

페로는 시계를 확인하고 욕설을 내뱉으며 잃어버린 시간에 대해 중얼거렸다.

An hour had already passed when they should have been on the trail.

그들이 출발해야 할 시간인 한 시간이 이미 지나 있었습니다.

François shrugged sheepishly at the courier, who sighed in defeat.

프랑수아는 패배감에 한숨을 쉬는 배달원을 향해 어색하게 어깨를 으쓱했다.

Then François walked to Solleks and called out to Buck once more.

그러자 프랑수아는 솔렉스에게 다가가서 다시 한번 벅을 불렀다.

Buck laughed like a dog laughs, but kept his cautious distance.

벅은 개처럼 웃었지만 조심스러운 거리를 유지했다.

François removed Solleks's harness and returned him to his spot.

프랑수아는 솔렉스의 하네스를 벗겨내고 그를 원래 자리로 돌려보냈다.

The sled team stood fully harnessed, with only one spot unfilled.

썰매 팀은 모든 장비를 갖추고 있었고, 빈 자리가 한 곳뿐이었습니다.

The lead position remained empty, clearly meant for Buck alone.

선두 자리는 비어 있었고, 그것은 분명 벅 혼자 차지하기 위한 자리였다.

François called again, and again Buck laughed and held his ground.

프랑수아가 다시 소리쳤고, 벅은 다시 웃으며 자리를 지켰다.

"Throw down the club," Perrault ordered without hesitation.

"곤봉을 던져라." 페로는 주저 없이 명령했다.

François obeyed, and Buck immediately trotted forward proudly.

프랑수아는 그 말에 따랐고, 벅은 곧바로 자랑스럽게 앞으로 나아갔다.

He laughed triumphantly and stepped into the lead position.
그는 승리감에 넘쳐 웃으며 선두 자리에 올랐다.

François secured his traces, and the sled was broken loose.
프랑수아는 자신의 흔적을 지켰고, 썰매는 풀려났다.

Both men ran alongside as the team raced onto the river trail.
두 남자는 팀이 강변 산책로로 달려가는 동안 옆에서 달렸다.

François had thought highly of Buck's "two devils,"
프랑수아는 벅의 "두 악마"를 높이 평가했습니다.

but he soon realized he had actually underestimated the dog.
하지만 그는 곧 자신이 실제로 개를 과소평가했다는 것을 깨달았습니다.

Buck quickly assumed leadership and performed with excellence.
벅은 재빨리 리더십을 맡았고 뛰어난 성과를 냈다.

In judgment, quick thinking, and fast action, Buck surpassed Spitz.
판단력, 빠른 생각, 빠른 행동 면에서 벅은 스피츠를 능가했습니다.

François had never seen a dog equal to what Buck now displayed.
프랑수아는 벅이 지금 보여준 것만큼 뛰어난 개를 본 적이 없었다.

But Buck truly excelled in enforcing order and commanding respect.
하지만 벅은 질서를 강화하고 존경을 받는 데 있어서 정말 뛰어났습니다.

Dave and Solleks accepted the change without concern or protest.
데이브와 솔렉스는 아무런 우려나 항의 없이 변화를 받아들였다.

They focused only on work and pulling hard in the reins.
그들은 오로지 일에만 집중하고, 고삐를 꽉 쥐고 있었습니다.

They cared little who led, so long as the sled kept moving.
그들은 썰매가 계속 움직이는 한, 누가 이끄는지 별로 신경 쓰지 않았습니다.

Billee, the cheerful one, could have led for all they cared.

쾌활한 빌리는 그들이 원하는 만큼 리더 역할을 할 수
있었습니다.

What mattered to them was peace and order in the ranks.
그들에게 중요한 것은 계급 내의 평화와 질서였습니다.

**The rest of the team had grown unruly during Spitz's
decline.**
스피츠가 쇠퇴하는 동안 나머지 팀원들도 어수선해졌습니다.

**They were shocked when Buck immediately brought them
to order.**
벅이 즉시 그들에게 질서를 가져다주자 그들은 충격을 받았다.

**Pike had always been lazy and dragging his feet behind
Buck.**
파이크는 항상 게으르고 벅의 뒤를 따라다니며 발을 질질
끌었다.

But now was sharply disciplined by the new leadership.
하지만 이제 새로운 리더십에 의해 엄격하게 규율이
정해졌습니다.

And he quickly learned to pull his weight in the team.
그리고 그는 팀에서 자신의 역할을 다하는 법을 빨리
배웠습니다.

By the end of the day, Pike worked harder than ever before.
그날이 끝나갈 무렵, 파이크는 그 어느 때보다 더 열심히
일했습니다.

That night in camp, Joe, the sour dog, was finally subdued.
그날 밤 캠프에서, 짜증나는 녀석 조는 마침내
제압당했습니다.

Spitz had failed to discipline him, but Buck did not fail.
스피츠는 그를 징계하는 데 실패했지만, 벅은 징계하지
않았습니다.

Using his greater weight, Buck overwhelmed Joe in seconds.
벅은 더 무거운 몸무게를 이용해 단 몇 초 만에 조를
압도했습니다.

**He bit and battered Joe until he whimpered and ceased
resisting.**
그는 조가 징징거리고 저항을 멈출 때까지 그를 물고
때렸습니다.

The whole team improved from that moment on.

그 순간부터 팀 전체가 발전하기 시작했습니다.

The dogs regained their old unity and discipline.

개들은 옛날의 단결과 규율을 되찾았습니다.

At Rink Rapids, two new native huskies, Teek and Koona, joined.

링크 래피즈에서는 티크와 쿠나라는 두 마리의 새로운 토종 허스키가 합류했습니다.

Buck's swift training of them astonished even François.

벅의 빠른 훈련은 프랑수아조차도 놀라게 했다.

"Never was there such a dog as that Buck!" he cried in amazement.

"벅 같은 개는 세상에 존재하지 않았어!" 그는 놀라서 소리쳤다.

"No, never! He's worth one thousand dollars, by God!"

"아니, 절대! 맙소사, 그놈은 천 달러짜리야!"

"Eh? What do you say, Perrault?" he asked with pride.

"어? 뭐라고 하실 건가요, 페로?" 그는 자랑스럽게 물었다.

Perrault nodded in agreement and checked his notes.

페로는 동의하며 고개를 끄덕이고 자신의 메모를 확인했다.

We're already ahead of schedule and gaining more each day.

우리는 이미 일정보다 앞서 나가고 있으며, 매일 더 많은 것을 얻고 있습니다.

The trail was hard-packed and smooth, with no fresh snow.

산길은 단단하게 다져져 있고 매끄러웠으며, 신선한 눈은 없었습니다.

The cold was steady, hovering at fifty below zero throughout.

추위는 꾸준히 영하 50도에 머물렀습니다.

The men rode and ran in turns to keep warm and make time.

남자들은 몸을 따뜻하게 유지하고 시간을 벌기 위해 교대로 말을 타고 달렸습니다.

The dogs ran fast with few stops, always pushing forward.

개들은 멈추는 법이 거의 없이 빠르게 달렸고, 항상 앞으로 나아갔습니다.

The Thirty Mile River was mostly frozen and easy to travel across.

서티마일 강은 대부분 얼어 있어서 건너기가 수월했습니다.

They went out in one day what had taken ten days coming in.
그들은 열흘 걸려 온 일을 하루 만에 끝냈습니다.

They made a sixty-mile dash from Lake Le Barge to White Horse.
그들은 르 바지 호수에서 화이트 호스까지 60마일을 달렸습니다.

Across Marsh, Tagish, and Bennett Lakes they moved incredibly fast.
그들은 마쉬, 타기시, 베넷 호수를 믿을 수 없을 정도로 빠른 속도로 이동했습니다.

The running man towed behind the sled on a rope.
달리는 남자는 밧줄에 매달려 썰매를 끌고 갔다.

On the last night of week two they got to their destination.
2주차 마지막 밤에 그들은 목적지에 도착했습니다.

They had reached the top of White Pass together.
그들은 함께 화이트 패스의 정상에 도달했습니다.

They dropped down to sea level with Skaguay's lights below them.
그들은 스카과이의 불빛을 바라보며 해수면으로 내려갔습니다.

It had been a record-setting run across miles of cold wilderness.
그것은 추운 황야의 수 마일을 가로지르는 기록적인 달리기였습니다.

For fourteen days straight, they averaged a strong forty miles.
그들은 14일 연속으로 평균 40마일을 달렸습니다.

In Skaguay, Perrault and François moved cargo through town.
스카과이에서는 페로와 프랑수아가 마을을 통과해 화물을 이동시켰습니다.

They were cheered and offered many drinks by admiring crowds.
그들은 감탄하는 군중으로부터 환호를 받았고 많은 음료를 제공받았습니다.

Dog-busters and workers gathered around the famous dog team.

유명한 개 팀 주변에는 개 퇴치 전문가와 노동자들이
모였습니다.

Then western outlaws came to town and met violent defeat.
그러자 서부의 도적들이 마을에 들어와서 엄청난 패배를
당했습니다.

The people soon forgot the team and focused on new drama.
사람들은 곧 팀을 잊고 새로운 드라마에 집중했다.

Then came the new orders that changed everything at once.
그러다가 모든 것을 한꺼번에 바꿔놓은 새로운 명령이
내려졌습니다.

François called Buck to him and hugged him with tearful pride.
프랑수아는 벅을 불러 눈물 어린 자랑스러움으로 그를
껴안았다.

That moment was the last time Buck ever saw François again.
그 순간이 벅이 프랑수아를 다시 본 마지막 순간이었다.

Like many men before, both François and Perrault were gone.
그 전의 많은 사람들처럼, 프랑수아와 페로는 모두 세상을
떠났습니다.

A Scotch half-breed took charge of Buck and his sled dog teammates.
스코틀랜드 혼혈견이 벅과 그의 썰매견 동료들을
지휘했습니다.

With a dozen other dog teams, they returned along the trail to Dawson.
그들은 다른 12개의 개 떼와 함께 도슨으로 향하는 길을 따라
돌아갔습니다.

It was no fast run now — just heavy toil with a heavy load each day.
이제는 빨리 달리는 게 아니라 매일 무거운 짐을 지고 힘들게
일하는 것뿐이었습니다.

This was the mail train, bringing word to gold hunters near the Pole.
이것은 북극 근처의 금광 사냥꾼들에게 소식을 전하는 우편
열차였습니다.

Buck disliked the work but bore it well, taking pride in his effort.
벅은 그 일을 싫어했지만, 그 일을 잘 견뎌냈고 자신의 노고에 자부심을 느꼈습니다.

Like Dave and Solleks, Buck showed devotion to every daily task.
데이브와 솔렉스처럼 벅은 모든 일상 업무에 헌신하는 모습을 보였습니다.

He made sure his teammates each pulled their fair weight.
그는 팀원들이 각자 자기 역할을 다하도록 했습니다.

Trail life became dull, repeated with the precision of a machine.
트레일 생활은 지루해졌고 기계의 정밀함으로 반복되었습니다.

Each day felt the same, one morning blending into the next.
매일이 똑같은 느낌이었고, 어느 날 아침이 다음 날 아침과 섞여 있었습니다.

At the same hour, the cooks rose to build fires and prepare food.
같은 시간에 요리사들은 일어나 불을 피우고 음식을 준비했습니다.

After breakfast, some left camp while others harnessed the dogs.
아침 식사 후, 어떤 사람들은 캠프를 떠났고 다른 사람들은 개들에게 마구를 채웠습니다.

They hit the trail before the dim warning of dawn touched the sky.
그들은 새벽이 밝아오기 전에 길을 나섰다.

At night, they stopped to make camp, each man with a set duty.
밤이 되면 그들은 캠프를 짓기 위해 멈추었고, 각자는 정해진 임무를 맡았습니다.

Some pitched the tents, others cut firewood and gathered pine boughs.
어떤 사람들은 텐트를 치고, 어떤 사람들은 장작을 패고 소나무 가지를 모았습니다.

Water or ice was carried back to the cooks for the evening meal.

저녁 식사를 위해 물이나 얼음을 요리사에게 가져갔습니다.

The dogs were fed, and this was the best part of the day for them.

개들에게 먹이를 주는 것은 하루 중 가장 즐거운
시간이었습니다.

After eating fish, the dogs relaxed and lounged near the fire.

개들은 생선을 먹은 후, 휴식을 취하고 불 옆에 누워
있었습니다.

There were a hundred other dogs in the convoy to mingle with.

대열에는 어울릴 수 있는 다른 개들이 백 마리나 있었습니다.

Many of those dogs were fierce and quick to fight without warning.

그 개들 중 다수는 사나웠고 아무런 경고도 없이 재빨리
싸웠습니다.

But after three wins, Buck mastered even the fiercest fighters.

하지만 세 번의 승리 이후, 벅은 가장 강력한 선수보다도 더
강해졌습니다.

Now when Buck growled and showed his teeth, they stepped aside.

벅이 으르렁거리며 이빨을 드러내자 그들은 옆으로 비켜섰다.

Perhaps best of all, Buck loved lying near the flickering campfire.

아마도 가장 좋았던 점은 벅이 깜빡이는 모닥불 옆에 누워
있는 것을 좋아했다는 것입니다.

He crouched with hind legs tucked and front legs stretched ahead.

그는 뒷다리를 굽히고 앞다리를 앞으로 뻗은 채 웅크리고
있었습니다.

His head was raised as he blinked softly at the glowing flames.

그는 빛나는 불꽃을 향해 눈을 가볍게 깜빡이며 고개를
들었다.

Sometimes he recalled Judge Miller's big house in Santa Clara.

그는 때때로 산타클라라에 있는 밀러 판사의 큰 집을
떠올렸다.

He thought of the cement pool, of Ysabel, and the pug called Toots.
그는 시멘트 수영장, 이사벨, 그리고 투츠라는 이름의 퍼그를 생각했습니다.

But more often he remembered the man with the red sweater's club.
하지만 그는 빨간 스웨터를 입은 남자의 곤봉을 더 자주 기억했습니다.

He remembered Curly's death and his fierce battle with Spitz.
그는 컬리의 죽음과 스피츠와의 격렬한 싸움을 기억했습니다.

He also recalled the good food he had eaten or still dreamed of.
그는 또한 자신이 먹었던 맛있는 음식이나 아직도 먹고 싶어하는 맛있는 음식을 떠올렸다.

Buck was not homesick — the warm valley was distant and unreal.
벅은 고향을 그리워하지 않았다. 따뜻한 계곡은 멀고 비현실적이었기 때문이다.

Memories of California no longer held any real pull over him.
캘리포니아에 대한 추억은 더 이상 그를 사로잡지 못했다.

Stronger than memory were instincts deep in his bloodline.
기억보다 더 강한 본능은 그의 혈통 깊숙이 자리 잡고 있었습니다.

Habits once lost had returned, revived by the trail and the wild.
한때 잃어버렸던 습관이 돌아왔고, 길과 야생을 통해 되살아났습니다.

As Buck watched the firelight, it sometimes became something else.
벅이 불빛을 바라보는 동안, 그것은 때때로 다른 무언가로 변하기도 했습니다.

He saw in the firelight another fire, older and deeper than the present one.
그는 불빛 속에서 지금의 불보다 오래되고 더 깊은 또 다른 불을 보았습니다.

Beside that other fire crouched a man unlike the half-breed cook.

그 다른 불 옆에는 혼혈 요리사와는 다른 남자가 웅크리고 있었습니다.

This figure had short legs, long arms, and hard, knotted muscles.

이 인물은 다리가 짧고, 팔이 길며, 근육이 단단하고 뭉쳐 있었습니다.

His hair was long and matted, sloping backward from the eyes.

그의 머리카락은 길고 엉켜 있었으며, 눈에서부터 뒤로 기울어져 있었습니다.

He made strange sounds and stared out in fear at the darkness.

그는 이상한 소리를 내며 두려움에 떨며 어둠을 바라보았습니다.

He held a stone club low, gripped tightly in his long rough hand.

그는 돌로 만든 곤봉을 낮게 잡고 길고 거친 손으로 꽉 쥐었다.

The man wore little; just a charred skin that hung down his back.

그 남자는 거의 아무것도 입지 않았다. 그저 탄 가죽 조각만이 등을 따라 늘어져 있을 뿐이었다.

His body was covered with thick hair across arms, chest, and thighs.

그의 몸은 팔, 가슴, 허벅지에 두꺼운 털로 덮여 있었습니다.

Some parts of the hair were tangled into patches of rough fur.

머리카락의 일부분이 거친 털 조각으로 엉켜 있었습니다.

He did not stand straight but bent forward from the hips to knees.

그는 똑바로 서지 않고 엉덩이부터 무릎까지 몸을 앞으로 숙였다.

His steps were springy and catlike, as if always ready to leap.

그의 발걸음은 마치 언제나 뛰어오를 준비가 된 듯 탄력 있고 고양이 같았다.

There was a sharp alertness, like he lived in constant fear.

그는 끊임없이 두려움 속에 살고 있는 것처럼 예리한 경계심을
가지고 있었습니다.

**This ancient man seemed to expect danger, whether the
danger was seen or not.**
이 고대인은 위험이 눈에 보이든 보이지 않든 위험을 예상하는
듯했습니다.

**At times the hairy man slept by the fire, head tucked
between legs.**
때때로 털북숭이 남자는 불 옆에서 다리를 꼬고 잠을 자기도
했습니다.

**His elbows rested on his knees, hands clasped above his
head.**
그는 팔꿈치를 무릎에 얹고, 손은 머리 위로 모았습니다.

Like a dog he used his hairy arms to shed off the falling rain.
그는 개처럼 털이 많은 팔을 이용해 떨어지는 비를 털어냈다.

**Beyond the firelight, Buck saw twin coals glowing in the
dark.**
벅은 불빛 너머로 어둠 속에서 빛나는 두 개의 석탄을
보았습니다.

**Always two by two, they were the eyes of stalking beasts of
prey.**
그들은 항상 둘씩 짝을 지어 맹수들의 눈이 되었습니다.

**He heard bodies crash through brush and sounds made in
the night.**
그는 덤불에 몸이 부딪히는 소리와 밤에 나는 소리를
들었습니다.

**Lying on the Yukon bank, blinking, Buck dreamed by the
fire.**
벅은 유콘 강둑에 누워 눈을 깜빡이며 불 옆에서 꿈을
꾸었습니다.

**The sights and sounds of that wild world made his hair
stand up.**
그 거친 세상의 광경과 소리는 그의 머리카락을 곤두서게
만들었다.

The fur rose along his back, his shoulders, and up his neck.
털이 등, 어깨, 목까지 올라갔습니다.

He whimpered softly or gave a low growl deep in his chest.

그는 가볍게 징징거리거나 가슴 깊은 곳에서 낮게
으르렁거렸다.

**Then the half-breed cook shouted, "Hey, you Buck, wake
up!"**

그러자 혼혈 요리사가 소리쳤다. "이 자식아, 일어나!"

**The dream world vanished, and real life returned to Buck's
eyes.**

꿈의 세계는 사라지고, 벅의 눈에 현실 세계가 돌아왔다.

**He was going to get up, stretch, and yawn, as if woken from
a nap.**

그는 마치 낮잠에서 깨어난 것처럼 일어나서 몸을 쭉 뻗고
하품을 할 참이었다.

The trip was hard, with the mail sled dragging behind them.

우편 썰매가 뒤에서 끌려오면서 여행은 힘들었습니다.

**Heavy loads and tough work wore down the dogs each long
day.**

무거운 짐을 싣고 힘든 일을 하다 보니 개들은 매일매일
지쳐갔다.

**They reached Dawson thin, tired, and needing over a week's
rest.**

그들은 야위고 지쳐 있었고, 일주일 이상의 휴식이 필요한
상태로 도슨에 도착했습니다.

But only two days later, they set out down the Yukon again.

하지만 불과 이틀 후, 그들은 다시 유콘 강을 따라
출발했습니다.

**They were loaded with more letters bound for the outside
world.**

그들은 바깥 세상으로 보낼 더 많은 편지를 가득 실었습니다.

**The dogs were exhausted and the men were complaining
constantly.**

개들은 지쳐 있었고 남자들은 끊임없이 불평했습니다.

**Snow fell every day, softening the trail and slowing the
sleds.**

매일 눈이 내려 길이 부드러워지고 썰매의 속도가
느려졌습니다.

This made for harder pulling and more drag on the runners.

이로 인해 주자는 더 힘들게 당기고 저항도 더 커졌습니다.

Despite that, the drivers were fair and cared for their teams.

그럼에도 불구하고 운전자들은 공정했고 자신의 팀을
배려했습니다.

Each night, the dogs were fed before the men got to eat.
매일 밤, 남자들이 먹기 전에 개들에게 먹이가 주어졌습니다.

No man slept before checking the feet of his own dog's.
자신의 개 발을 확인하기 전에는 아무도 잠을 자지
않았습니다.

**Still, the dogs grew weaker as the miles wore on their
bodies.**
하지만, 시간이 지날수록 개들은 점점 약해졌습니다.

**They had traveled eighteen hundred miles through the
winter.**
그들은 겨울 동안 1,800마일을 여행했습니다.

They pulled sleds across every mile of that brutal distance.
그들은 그 잔혹한 거리를 마일마다 썰매를 끌고 갔습니다.

Even the toughest sled dogs feel strain after so many miles.
가장 튼튼한 썰매견조차도 수 마일을 썰매를 탄 후에는
긴장감을 느낀다.

**Buck held on, kept his team working, and maintained
discipline.**
벅은 끈기 있게 노력했고, 팀원들이 일하도록 했으며, 규율도
유지했습니다.

But Buck was tired, just like the others on the long journey.
하지만 벅은 긴 여행을 떠난 다른 사람들처럼 피곤했습니다.

**Billee whimpered and cried in his sleep each night without
fail.**
빌리는 매일 밤 잠들면서 징징거리고 울었습니다.

**Joe grew even more bitter, and Solleks stayed cold and
distant.**
조는 더욱더 비통해졌고, 솔렉스는 차갑고 거리를 두었습니다.

**But it was Dave who suffered the worst out of the entire
team.**
하지만 팀 전체에서 가장 큰 피해를 입은 사람은
데이브였습니다.

**Something had gone wrong inside him, though no one knew
what.**
아무도 무슨 일이 그의 내부에서 잘못되었는지는 몰랐다.

He became moodier and snapped at others with growing anger.
그는 기분이 더 나빠졌고 점점 더 화가 나서 다른 사람들에게 쏘아붙였다.

Each night he went straight to his nest, waiting to be fed.
매일 밤 그는 곧장 둥지로 가서 먹이를 기다렸다.

Once he was down, Dave did not get up again till morning.
데이브는 한번 쓰러지자 아침까지 다시 일어나지 못했습니다.

On the reins, sudden jerks or starts made him cry out in pain.
고삐를 잡고 갑자기 움직이거나 움직이기 시작하면 그는 고통스럽게 비명을 질렀습니다.

His driver searched for the cause, but found no injury on him.
운전자는 사고 원인을 찾았지만, 그에게서 부상자가 발견되지 않았습니다.

All the drivers began watching Dave and discussed his case.
운전자들은 모두 데이브를 지켜보며 그의 사건에 대해 논의했습니다.

They talked at meals and during their final smoke of the day.
그들은 식사 중과 그날의 마지막 담배를 피우는 동안 이야기를 나누었습니다.

One night they held a meeting and brought Dave to the fire.
어느 날 밤 그들은 회의를 열고 데이브를 불 앞으로 데려왔습니다.

They pressed and probed his body, and he cried out often.
그들은 그의 몸을 누르고 더듬었고, 그는 자주 비명을 질렀습니다.

Clearly, something was wrong, though no bones seemed broken.
뼈는 부러지지 않은 듯했지만, 뭔가 잘못된 게 분명했습니다.

By the time they reached Cassiar Bar, Dave was falling down.
그들이 캐시어 바에 도착했을 때, 데이브는 쓰러지고 있었습니다.

The Scotch half-breed called a halt and removed Dave from the team.

스카치 혼혈은 중단을 선언하고 데이브를 팀에서
제외시켰습니다.

He fastened Solleks in Dave's place, closest to the sled's front.

그는 데이브의 자리, 썰매 앞쪽에 가장 가까운 곳에 솔렉스를
고정했습니다.

He meant to let Dave rest and run free behind the moving sled.

그는 데이브가 쉬면서 움직이는 썰매 뒤에서 자유롭게 달릴 수
있도록 놔둘 생각이었습니다.

But even sick, Dave hated being taken from the job he had owned.

하지만 아플 때에도 데이브는 자신이 맡았던 일을 그만두는
것을 싫어했습니다.

He growled and whimpered as the reins were pulled from his body.

고삐가 몸에서 풀리자 그는 으르렁거리고 징징거렸다.

When he saw Solleks in his place, he cried with broken-hearted pain.

그는 솔렉스가 자기 자리에 있는 것을 보고, 가슴이 찢어지는
듯한 고통으로 울었습니다.

The pride of trail work was deep in Dave, even as death approached.

죽음이 다가왔을 때에도 데이브는 트레일 작업에 대한
자부심을 깊이 간직하고 있었습니다.

As the sled moved, Dave floundered through soft snow near the trail.

썰매가 움직이자 데이브는 길 근처의 부드러운 눈 속을 힘겹게
헤쳐 나갔습니다.

He attacked Solleks, biting and pushing him from the sled's side.

그는 솔렉스를 공격하여 썰매 옆에서 그를 물고 밀어냈습니다.

Dave tried to leap into the harness and reclaim his working spot.

데이브는 하네스에 뛰어들어 자신의 작업 자리를 되찾으려고
했습니다.

He yelped, whined, and cried, torn between pain and pride in labor.

그는 고통과 분만에 대한 자부심 사이에서 갈등하며 비명을 지르고, 징징거리고, 울부짖었습니다.

The half-breed used his whip to try driving Dave away from the team.

혼혈인은 채찍을 사용해 데이브를 팀에서 멀어지게 하려고 했습니다.

But Dave ignored the lash, and the man couldn't strike him harder.

하지만 데이브는 채찍질을 무시했고, 그 남자는 그를 더 세게 때릴 수 없었다.

Dave refused the easier path behind the sled, where snow was packed.

데이브는 썰매 뒤에 있는 쉬운 길을 거부했는데, 거기에는 눈이 쌓여 있었기 때문이다.

Instead, he struggled in the deep snow beside the trail, in misery.

그 대신 그는 길가의 깊은 눈 속에서 비참하게 몸부림쳤습니다.

Eventually, Dave collapsed, lying in the snow and howling in pain.

결국 데이브는 쓰러져 눈 속에 누워 고통스럽게 울부짖었습니다.

He cried out as the long train of sleds passed him one by one.

그는 썰매 행렬이 하나하나 지나가자 소리쳤다.

Still, with what strength remained, he rose and stumbled after them.

그럼에도 불구하고 그는 남은 힘을 다해 일어나 그들을 뒤쫓았습니다.

He caught up when the train stopped again and found his old sled.

그는 기차가 다시 멈추자 따라잡아서 낡은 썰매를 발견했습니다.

He floundered past the other teams and stood beside Solleks again.

그는 다른 팀들을 제치고 다시 솔렉스 옆에 섰다.

As the driver paused to light his pipe, Dave took his last chance.

운전자가 파이프에 불을 붙이기 위해 잠시 멈췄을 때,
데이브는 마지막 기회를 잡았습니다.

**When the driver returned and shouted, the team didn't move
forward.**

운전사가 돌아와서 소리를 지르자 팀은 더 이상 움직이지
않았다.

**The dogs had turned their heads, confused by the sudden
stoppage.**

개들은 갑작스러운 멈춤에 당황해서 고개를 돌렸다.

**The driver was shocked too—the sled hadn't moved an inch
forward.**

운전자 역시 충격을 받았습니다. 썰매가 조금도 앞으로
움직이지 않았거든요.

**He called out to the others to come and see what had
happened.**

그는 다른 사람들에게 무슨 일이 일어났는지 보러 오라고
소리쳤다.

**Dave had chewed through Solleks's reins, breaking both
apart.**

데이브는 솔렉스의 고삐를 갉아먹어 둘 다 부러뜨렸다.

**Now he stood in front of the sled, back in his rightful
position.**

이제 그는 썰매 앞에 서서, 본래의 자리로 돌아왔습니다.

**Dave looked up at the driver, silently pleading to stay in the
traces.**

데이브는 운전자를 올려다보며 조용히 추적에 남아달라고
간청했다.

**The driver was puzzled, unsure of what to do for the
struggling dog.**

운전자는 힘들어하는 개를 위해 무엇을 해야 할지 몰라
당황했습니다.

**The other men spoke of dogs who had died from being
taken out.**

다른 남자들은 밖으로 끌려나간 개들이 죽었다는 이야기를
했습니다.

**They told of old or injured dogs whose hearts broke when
left behind.**

그들은 늙거나 다친 개들이 뒤에 남겨지면 마음이 아프다는 이야기를 들려주었습니다.

They agreed it was mercy to let Dave die while still in his harness.

그들은 데이브가 하네스를 착용한 채로 죽는 것을 허용하는 것이 자비로운 일이라는 데 동의했습니다.

He was fastened back onto the sled, and Dave pulled with pride.

그는 다시 썰매에 몸을 고정했고, 데이브는 자랑스럽게 썰매를 끌었다.

Though he cried out at times, he worked as if pain could be ignored.

그는 때때로 비명을 질렀지만, 마치 고통을 무시할 수 있는 것처럼 일했습니다.

More than once he fell and was dragged before rising again.

그는 여러 번 넘어져 끌려간 뒤에야 다시 일어났습니다.

Once, the sled rolled over him, and he limped from that moment on.

어느 날 썰매가 그의 위로 넘어졌는데, 그 순간부터 그는 절뚝거리게 되었습니다.

Still, he worked until camp was reached, and then lay by the fire.

그럼에도 불구하고 그는 캠프에 도착할 때까지 일했고, 그 후에는 불 옆에 누워 있었습니다.

By morning, Dave was too weak to travel or even stand upright.

아침이 되자 데이브는 너무 약해져서 여행도 못하고 똑바로 서 있을 수도 없었습니다.

At harness-up time, he tried to reach his driver with trembling effort.

마구를 착용할 시간이 되자 그는 떨리는 손으로 운전자에게 다가가려고 노력했습니다.

He forced himself up, staggered, and collapsed onto the snowy ground.

그는 몸을 힘겹게 일으켜 비틀거리며 눈 덮인 땅으로 쓰러졌습니다.

Using his front legs, he dragged his body toward the harnessing area.

그는 앞다리를 이용해 자신의 몸을 굴레를 씌우는 구역 쪽으로 끌고 갔다.

He hitched himself forward, inch by inch, toward the working dogs.

그는 일하는 개들을 향해 조금씩 앞으로 나아갔다.

His strength gave out, but he kept moving in his last desperate push.

그의 힘은 사라졌지만, 그는 마지막 필사적인 밀어붙임으로 계속 움직였다.

His teammates saw him gasping in the snow, still longing to join them.

그의 팀 동료들은 그가 눈 속에서 헐떡이며 여전히 그들과 합류하기를 간절히 바라는 모습을 보았습니다.

They heard him howling with sorrow as they left the camp behind.

그들은 캠프를 뒤로 하고 떠나면서 그가 슬픔에 잠겨 울부짖는 소리를 들었습니다.

As the team vanished into trees, Dave's cry echoed behind them.

팀이 나무 사이로 사라지자 데이브의 외침이 그들 뒤에서 울려 퍼졌습니다.

The sled train halted briefly after crossing a stretch of river timber.

썰매 열차는 강의 목재 구간을 건넌 후 잠시 멈췄다.

The Scotch half-breed walked slowly back toward the camp behind.

스코틀랜드 혼혈인은 뒤쪽 캠프를 향해 천천히 걸어갔다.

The men stopped speaking when they saw him leave the sled train.

그 남자들은 그가 썰매 열차에서 내리는 것을 보고 말을 멈췄다.

Then a single gunshot rang out clear and sharp across the trail.

그러자 총소리 한 발이 산길을 가로질러 선명하고 뚜렷하게 울려 퍼졌습니다.

The man returned quickly and took up his place without a word.

그 남자는 재빨리 돌아와 아무 말 없이 자신의 자리를
차지했다.

**Whips cracked, bells jingled, and the sleds rolled on
through snow.**

채찍이 울리고, 종이 울리고, 썰매는 눈 속을 굴러갔습니다.

**But Buck knew what had happened—and so did every other
dog.**

하지만 벅은 무슨 일이 일어났는지 알고 있었습니다. 다른
모든 개들도 알고 있었습니다.

The Toil of Reins and Trail
고삐와 길의 수고

Thirty days after leaving Dawson, the Salt Water Mail reached Skaguay.

도슨을 출발한 지 30일 만에 솔트워터 메일호가 스카과이에 도착했습니다.

Buck and his teammates pulled the lead, arriving in pitiful condition.

벅과 그의 팀 동료들은 선두를 차지했지만, 비참한 상태로 도착했습니다.

Buck had dropped from one hundred forty to one hundred fifteen pounds.

벅의 체중은 140파운드에서 115파운드로 줄었습니다.

The other dogs, though smaller, had lost even more body weight.

다른 개들은 몸집은 작았지만 체중이 더 많이 줄었습니다.

Pike, once a fake limper, now dragged a truly injured leg behind him.

한때 가짜 절름발이였던 파이크는 이제 정말로 다친 다리를 끌고 다녔다.

Solleks was limping badly, and Dub had a wrenched shoulder blade.

솔렉스는 심하게 절뚝거리고 있었고, 더브는 어깨뼈가 삐끗했습니다.

Every dog in the team was footsore from weeks on the frozen trail.

팀의 모든 개들은 얼어붙은 산길에서 몇 주를 보내느라 발이 아팠습니다.

They had no spring left in their steps, only slow, dragging motion.

그들의 발걸음에는 탄력이 없었고, 단지 느리고 질질 끌리는 움직임만 있었습니다.

Their feet hit the trail hard, each step adding more strain to their bodies.

그들의 발은 산길을 힘겹게 밟았고, 걸음을 옮길 때마다 몸에 더 많은 부담이 가해졌습니다.

They were not sick, only drained beyond all natural recovery.

그들은 아프지 않았지만, 자연적으로 회복할 수 없을 정도로 기력이 쇠약해졌습니다.

This was not tiredness from one hard day, cured with a night's rest.

이것은 하루 종일 힘들었던 데를 하룻밤 쉬면 낫는 피로가 아니었습니다.

It was exhaustion built slowly through months of grueling effort.

그것은 몇 달간의 힘겨운 노력으로 천천히 쌓인 피로였습니다.

No reserve strength remained—they had used up every bit they had.

예비 병력이 남아 있지 않았습니다. 그들은 가지고 있던 병력을 모두 소진해 버렸습니다.

Every muscle, fiber, and cell in their bodies was spent and worn.

그들의 몸 속의 모든 근육, 섬유질, 세포는 모두 지치고 닳아 없어졌습니다.

And there was a reason—they had covered twenty-five hundred miles.

그럴 만한 이유가 있었습니다. 그들이 2,500마일을 이동했기 때문입니다.

They had rested only five days during the last eighteen hundred miles.

그들은 지난 1,800마일 동안 단 5일만 휴식을 취했습니다.

When they reached Skaguay, they looked barely able to stand upright.

그들이 스카과이에 도착했을 때, 그들은 겨우 서 있을 수 있을 정도였습니다.

They struggled to keep the reins tight and stay ahead of the sled.

그들은 고삐를 단단히 잡고 썰매보다 앞서 나가기 위해 애썼습니다.

On downhill slopes, they only managed to avoid being run over.

내리막길에서는 겨우 차에 치이는 것을 피할 수 있었습니다.

"March on, poor sore feet," the driver said as they limped along.

운전사는 다리를 절뚝거리며 걸어가면서 "어서 가세요, 아픈 발이여."라고 말했습니다.

"This is the last stretch, then we all get one long rest, for sure."

"이게 마지막 구간이에요. 그다음에 우리 모두 긴 휴식을 취하게 될 거예요."

"One truly long rest," he promised, watching them stagger forward.

"정말 긴 휴식이군." 그는 그들이 비틀거리며 앞으로 나아가는 것을 보며 약속했다.

The drivers expected they were going to now get a long, needed break.

운전자들은 이제 길고도 필요한 휴식을 취할 수 있을 것으로 기대했습니다.

They had traveled twelve hundred miles with only two days' rest.

그들은 겨우 이틀 쉬고서 1,200마일을 여행했습니다.

By fairness and reason, they felt they had earned time to relax.

공평하고 이치에 맞게, 그들은 휴식할 시간을 얻었다고 느꼈습니다.

But too many had come to the Klondike, and too few had stayed home.

하지만 클론다이크로 온 사람이 너무 많았고, 집에 남은 사람은 너무 적었습니다.

Letters from families flooded in, creating piles of delayed mail.

가족들의 편지가 쇄도하면서 배달이 지연되는 우편물이 쌓였습니다.

Official orders arrived—new Hudson Bay dogs were going to take over.

공식적인 명령이 내려졌습니다. 새로운 허드슨 베이 개들이 그 자리를 차지하게 되었습니다.

The exhausted dogs, now called worthless, were to be disposed of.

이제 쓸모없다고 불린 지친 개들은 처분되어야 했습니다.

Since money mattered more than dogs, they were going to be sold cheaply.
돈이 개보다 더 중요했기 때문에 개는 싸게 팔릴 예정이었습니다.

Three more days passed before the dogs felt just how weak they were.
개들이 얼마나 약해졌는지 느끼기까지 3일이 더 걸렸습니다.

On the fourth morning, two men from the States bought the whole team.
넷째 날 아침, 미국에서 온 두 남자가 팀 전체를 사들였습니다.

The sale included all the dogs, plus their worn harness gear.
판매에는 모든 개와 낡은 하네스 장비가 포함되었습니다.

The men called each other "Hal" and "Charles" as they completed the deal.
두 남자는 거래를 마치면서 서로를 "할"과 "찰스"라고 불렀습니다.

Charles was middle-aged, pale, with limp lips and fierce mustache tips.
찰스는 중년의 남자로 얼굴이 창백하고 입술은 힘없었으며 콧수염 끝이 험악했다.

Hal was a young man, maybe nineteen, wearing a cartridge-stuffed belt.
할은 열아홉 살 정도의 청년이었고, 탄약이 채워진 벨트를 착용하고 있었습니다.

The belt held a big revolver and a hunting knife, both unused.
벨트에는 큰 리볼버와 사냥용 칼이 들어 있었는데, 둘 다 사용하지 않았습니다.

It showed how inexperienced and unfit he was for northern life.
그것은 그가 북부 생활에 얼마나 경험이 부족하고 적합하지 않은지를 보여주었습니다.

Neither man belonged in the wild; their presence defied all reason.
두 사람 모두 자연에 속하지 않았다. 그들의 존재는 모든 이성을 거스르는 것이었다.

Buck watched as money exchanged hands between buyer and agent.

벅은 구매자와 중개인 사이에서 돈이 오가는 것을
지켜보았습니다.

He knew the mail-train drivers were leaving his life like the rest.

그는 우편 열차 운전사들이 다른 사람들과 마찬가지로 자신의
삶을 떠난다는 것을 알았습니다.

They followed Perrault and François, now gone beyond recall.

그들은 더 이상 소환될 수 없게 된 페로와 프랑수아를
따라갔다.

Buck and the team were led to their new owners' sloppy camp.

벅과 그의 팀은 새로운 주인의 엉터리 캠프로 인도되었습니다.

The tent sagged, dishes were dirty, and everything lay in disarray.

텐트는 처져 있었고, 접시는 더러웠으며, 모든 것이
엉망이었습니다.

Buck noticed a woman there too—Mercedes, Charles's wife and Hal's sister.

벅은 거기에 한 여자도 있다는 것을 알아챘습니다.
메르세데스, 찰스의 아내이자 헬의 여동생이었습니다.

They made a complete family, though far from suited to the trail.

그들은 완전한 가족을 이루었지만, 그 길에는 전혀 적합하지
않았습니다.

Buck watched nervously as the trio started packing the supplies.

벅은 세 사람이 물품을 챙기기 시작하는 모습을 불안한
표정으로 지켜보았다.

They worked hard but without order—just fuss and wasted effort.

그들은 열심히 일했지만 질서 없이 일했습니다. 그저 소란만
피우고 노력만 낭비했습니다.

The tent was rolled into a bulky shape, far too large for the sled.

텐트는 썰매에 비해 너무 커서 부피가 큰 모양으로 말려
있었습니다.

Dirty dishes were packed without being cleaned or dried at all.
더러운 접시는 세척이나 건조 과정을 거치지 않고
포장되었습니다.

Mercedes fluttered about, constantly talking, correcting, and meddling.
메르세데스는 끊임없이 말하고, 바로잡고, 간섭하며
돌아다녔다.

When a sack was placed on front, she insisted it go on the back.
자루를 앞에 두자, 그녀는 그것을 뒤에 두라고 고집했습니다.

She packed the sack in the bottom, and the next moment she needed it.
그녀는 자루를 바닥에 넣었고, 다음 순간에 그것이
필요해졌습니다.

So the sled was unpacked again to reach the one specific bag.
그래서 썰매는 다시 풀려 특정한 가방 하나에 도달했습니다.

Nearby, three men stood outside a tent, watching the scene unfold.
근처에서 세 남자가 텐트 밖에 서서 그 광경이 펼쳐지는 것을
지켜보고 있었습니다.

They smiled, winked, and grinned at the newcomers' obvious confusion.
그들은 새로 온 사람들의 명백한 혼란에 미소 짓고, 눈짓하고,
씩 웃었다.

"You've got a right heavy load already," said one of the men.
"당신은 이미 정말 무거운 짐을 지고 있군요." 남자 중 한 명이
말했다.

"I don't think you should carry that tent, but it's your choice."
"그 텐트를 들고 다니는 건 좋지 않다고 생각하지만, 그건
당신의 선택이에요."

"Undreamed of!" cried Mercedes, throwing up her hands in despair.
"꿈에도 생각지 못했어!" 메르세데스가 절망에 빠져 두 손을
들어올리며 소리쳤다.

"How could I possibly travel without a tent to stay under?"

"숙박할 텐트도 없이 어떻게 여행을 할 수 있겠어요?"

"It's springtime—you won't see cold weather again," the man replied.

"이제 봄이 왔어요. 다시는 추운 날씨를 볼 수 없을 거예요." 그 남자가 대답했다.

But she shook her head, and they kept piling items onto the sled.

하지만 그녀는 고개를 저었고, 그들은 계속해서 썰매 위에 물건들을 쌓았습니다.

The load towered dangerously high as they added the final things.

그들이 마지막 물건을 더할 때 무게는 위험할 정도로 높아졌습니다.

"Think the sled will ride?" asked one of the men with a skeptical look.

"썰매가 달릴 수 있을까요?" 남자 중 한 명이 회의적인 표정으로 물었다.

"Why shouldn't it?" Charles snapped back with sharp annoyance.

"왜 안 되겠어요?" 찰스가 날카롭게 짜증내며 반박했다.

"Oh, that's all right," the man said quickly, backing away from offense.

"아, 괜찮아요." 그 남자는 재빨리 말하며 공격적인 태도를 피했다.

"I was only wondering—it just looked a bit too top-heavy to me."

"그냥 궁금해서요. 제 눈에는 위쪽이 너무 무거운 것 같았거든요."

Charles turned away and tied down the load as best as he could.

찰스는 돌아서서 짐을 최대한 단단히 묶었습니다.

But the lashings were loose and the packing poorly done overall.

하지만 끈이 느슨했고, 전반적으로 포장이 제대로 되어 있지 않았습니다.

"Sure, the dogs will pull that all day," another man said sarcastically.

"물론이지, 개들은 하루 종일 그걸 끌고 다닐 거야." 다른
남자가 비꼬는 투로 말했다.

**"Of course," Hal replied coldly, grabbing the sled's long
gee-pole.**
"물론이죠." 할은 차갑게 대답하며 썰매의 긴 막대를 잡았다.

With one hand on the pole, he swung the whip in the other.
그는 한 손을 막대에 얹고 다른 한 손으로 채찍을 휘둘렀다.

"Let's go!" he shouted. "Move it!" urging the dogs to start.
"가자!" 그가 소리쳤다. "움직여!" 개들에게 출발하라고
재촉했다.

**The dogs leaned into the harness and strained for a few
moments.**
개들은 하네스에 기대어 잠시 힘을 쏟았습니다.

**Then they stopped, unable to budge the overloaded sled an
inch.**
그러다가 그들은 과적된 썰매를 조금도 움직일 수 없어
멈췄다.

**"The lazy brutes!" Hal yelled, lifting the whip to strike
them.**
"게으른 놈들!" 할이 소리치며 채찍을 들어 그들을 때렸다.

**But Mercedes rushed in and seized the whip from Hal's
hands.**
하지만 메르세데스가 달려들어 할의 손에서 채찍을
빼앗았습니다.

"Oh, Hal, don't you dare hurt them," she cried in alarm.
"할, 그들을 다치게 하지 마!" 그녀는 놀라서 소리쳤다.

**"Promise me you'll be kind to them, or I won't go another
step."**
"그들에게 친절하게 대하겠다고 약속해. 그렇지 않으면 나는
한 걸음도 더 나아가지 않을 거야."

**"You don't know a thing about dogs," Hal snapped at his
sister.**
"너는 개에 대해 아무것도 모르잖아." 할은 여동생에게
쏘아붙였다.

**"They're lazy, and the only way to move them is to whip
them."**
"그들은 게으르기 때문에, 그들을 움직일 수 있는 유일한
방법은 채찍질하는 것뿐이에요."

"Ask anyone—ask one of those men over there if you doubt me."

"누구에게나 물어보세요. 저를 의심한다면 저기 있는 남자 중 한 명에게 물어보세요."

Mercedes looked at the onlookers with pleading, tearful eyes.

메르세데스는 애원하는 듯한 눈물 어린 눈으로 구경꾼들을 바라보았다.

Her face showed how deeply she hated the sight of any pain.

그녀의 얼굴은 그녀가 고통을 보는 것을 얼마나 싫어하는지를 보여주었습니다.

"They're weak, that's all," one man said. "They're worn out."

"그냥 약해졌을 뿐이에요." 한 남자가 말했다. "지쳐버렸어요."

"They need rest—they've been worked too long without a break."

"그들에게는 휴식이 필요합니다. 그들은 휴식 없이 너무 오랫동안 일해왔습니다."

"Rest be cursed," Hal muttered with his lip curled.

"나머지는 저주받을 거야." 할은 입술을 삐죽 내밀고 중얼거렸다.

Mercedes gasped, clearly pained by the coarse word from him.

메르세데스는 그의 거친 말에 분명히 괴로움을 느낀 듯 숨을 헐떡였다.

Still, she stayed loyal and instantly defended her brother.

그럼에도 불구하고 그녀는 충성을 다했고 즉시 동생을 옹호했습니다.

"Don't mind that man," she said to Hal. "They're our dogs."

"저 남자는 신경 쓰지 마." 그녀가 할에게 말했다. "그들은 우리 개들이잖아."

"You drive them as you see fit—do what you think is right."

"당신이 적절하다고 생각하는 대로 운전하세요. 당신이 옳다고 생각하는 대로 하세요."

Hal raised the whip and struck the dogs again without mercy.

할은 채찍을 들어 다시 한번 무자비하게 개들을 때렸다.

They lunged forward, bodies low, feet pushing into the snow.
그들은 몸을 숙이고 눈 속에 발을 디딘 채 앞으로 달려들었다.

All their strength went into the pull, but the sled wasn't moving.
그들은 모든 힘을 썰매를 끄는 데 쏟았지만 썰매는 움직이지 않았습니다.

The sled stayed stuck, like an anchor frozen into the packed snow.
썰매는 굳은 눈 속에 얼어붙은 닻처럼 움직이지 않았습니다.

After a second effort, the dogs stopped again, panting hard.
두 번째 시도 후, 개들은 다시 헐떡이며 멈췄다.

Hal raised the whip once more, just as Mercedes interfered again.
메르세데스가 다시 개입하자마자 할은 다시 채찍을 들었다.

She dropped to her knees in front of Buck and hugged his neck.
그녀는 벅 앞에 무릎을 꿇고 그의 목을 껴안았다.

Tears filled her eyes as she pleaded with the exhausted dog.
그녀는 지친 개에게 애원하며 눈물을 글썽였다.

"You poor dears," she said, "why don't you just pull harder?"
"불쌍한 얘들아," 그녀가 말했다. "왜 더 세게 당기지 않니?"

"If you pull, then you won't get to be whipped like this."
"당기면 이렇게 채찍질 당하지 못할 거야."

Buck disliked Mercedes, but he was too tired to resist her now.
벅은 메르세데스를 싫어했지만, 지금은 너무 피곤해서 그녀에게 저항할 수 없었다.

He accepted her tears as just another part of the miserable day.
그는 그녀의 눈물을 그저 비참한 하루의 일부로 받아들였다.

One of the watching men finally spoke after holding back his anger.
분노를 참던 남자 중 한 명이 마침내 입을 열었다.

"I don't care what happens to you folks, but those dogs matter."

"여러분에게 무슨 일이 일어나든 상관없지만, 그 개들은 중요해요."

"If you want to help, break that sled loose—it's frozen to the snow."

"도움을 주고 싶다면 썰매를 풀어주세요. 썰매가 눈 속에 얼어붙어 있거든요."

"Push hard on the gee-pole, right and left, and break the ice seal."

"지폴을 좌우로 세게 눌러서 얼음 봉인을 깨세요."

A third attempt was made, this time following the man's suggestion.

이번에는 그 남자의 제안에 따라 세 번째 시도가 이루어졌습니다.

Hal rocked the sled from side to side, breaking the runners loose.

할은 썰매를 좌우로 흔들어 주자들을 풀어주었다.

The sled, though overloaded and awkward, finally lurched forward.

썰매는 짐이 너무 많고 움직임이 불편했지만, 마침내 앞으로 나아갔다.

Buck and the others pulled wildly, driven by a storm of whiplashes.

벅과 다른 사람들은 채찍질 폭풍에 쫓겨서 미친 듯이 끌려갔다.

A hundred yards ahead, the trail curved and sloped into the street.

100야드 앞에서 길은 휘어져 거리로 이어졌습니다.

It was going to have taken a skilled driver to keep the sled upright.

썰매를 똑바로 세우려면 숙련된 운전자가 필요했을 것입니다.

Hal was not skilled, and the sled tipped as it swung around the bend.

할은 썰매를 잘 몰지 못했고, 썰매는 굽은길을 돌면서 기울어졌습니다.

Loose lashings gave way, and half the load spilled onto the snow.

느슨한 묶음이 풀리고, 짐의 절반이 눈 위로 쏟아졌습니다.

The dogs did not stop; the lighter sled flew along on its side.

개들은 멈추지 않았고, 가벼운 썰매는 옆으로 날아갔다.

Angry from abuse and the heavy burden, the dogs ran faster.
학대와 무거운 짐에 화가 난 개들은 더 빨리 달렸다.

Buck, in fury, broke into a run, with the team following behind.
벅은 격노하여 달려갔고, 그의 팀원들도 그를 따라갔다.

Hal shouted "Whoa! Whoa!" but the team paid no attention to him.
할은 "와! 와!"라고 소리쳤지만, 팀원들은 그에게 전혀 신경 쓰지 않았다.

He tripped, fell, and was dragged along the ground by the harness.
그는 걸려 넘어졌고, 하네스에 묶인 채 땅바닥으로 끌려갔습니다.

The overturned sled bumped over him as the dogs raced on ahead.
개들이 앞서 달려가는 동안 뒤집힌 썰매가 그 위로 덮쳤다.

The rest of the supplies scattered across Skaguay's busy street.
나머지 물품들은 스카과이의 번화가 곳곳에 흩어져 있었습니다.

Kind-hearted people rushed to stop the dogs and gather the gear.
친절한 사람들이 달려가 개들을 막고 장비를 모았습니다.

They also gave advice, blunt and practical, to the new travelers.
그들은 또한 새로운 여행자들에게 솔직하고 실용적인 조언을 해주었습니다.

"If you want to reach Dawson, take half the load and double the dogs."
"도슨에게 다가가고 싶다면 짐은 절반만 싣고 개는 두 배로 늘리세요."

Hal, Charles, and Mercedes listened, though not with enthusiasm.
핼, 찰스, 메르세데스는 그다지 열정적이지는 않았지만 귀를 기울였다.

They pitched their tent and started sorting through their supplies.

그들은 텐트를 치고 필요한 물품을 분류하기 시작했습니다.

Out came canned goods, which made onlookers laugh aloud.

통조림이 나와서 구경꾼들을 큰 소리로 웃게 만들었다.

**"Canned stuff on the trail? You'll starve before that melts,"
one said.**

"산길에 통조림을 놔두고? 녹기도 전에 굶어 죽을 거야." 한
사람이 말했다.

"Hotel blankets? You're better off throwing them all out."

"호텔 담요요? 다 버리는 게 낫겠어요."

"Ditch the tent, too, and no one washes dishes here."

"텐트도 치워버리면 여기서 설거지하는 사람도 없을 거야."

**"You think you're riding a Pullman train with servants on
board?"**

"당신은 하인들을 태운 풀먼 열차를 타고 있다고
생각하시나요?"

**The process began—every useless item was tossed to the
side.**

과정이 시작되었습니다. 쓸모없는 물건은 모두 옆으로
버려졌습니다.

**Mercedes cried when her bags were emptied onto the snowy
ground.**

메르세데스는 자신의 가방이 눈 덮인 땅에 비워지자 울었다.

**She sobbed over every item thrown out, one by one without
pause.**

그녀는 잠시도 멈추지 않고 물건 하나하나가 던져지는 것을
보며 흐느꼈다.

**She vowed not to go one more step—not even for ten
Charleses.**

그녀는 더 이상 한 걸음도 나아가지 않겠다고 맹세했습니다.
찰스 10명에게도 말입니다.

**She begged each person nearby to let her keep her precious
things.**

그녀는 주변에 있는 모든 사람에게 그녀의 소중한 물건을
보관해 달라고 간청했습니다.

**At last, she wiped her eyes and began tossing even vital
clothes.**

마침내 그녀는 눈물을 닦고 중요한 옷까지 던지기
시작했습니다.

When done with her own, she began emptying the men's supplies.

그녀는 자신의 일을 마치고 나서 남자들의 물품을 비우기 시작했습니다.

Like a whirlwind, she tore through Charles and Hal's belongings.

그녀는 회오리바람처럼 찰스와 핼의 소지품을 뒤졌다.

Though the load was halved, it was still far heavier than needed.

짐은 절반으로 줄었지만 여전히 필요한 것보다 훨씬 무거웠습니다.

That night, Charles and Hal went out and bought six new dogs.

그날 밤, 찰스와 핼은 나가서 새 개 여섯 마리를 샀습니다.

These new dogs joined the original six, plus Teek and Koona.

이 새로운 개들은 티크와 쿠나를 포함해 원래 여섯 마리에 합류했습니다.

Together they made a team of fourteen dogs hitched to the sled.

그들은 함께 썰매에 묶인 14마리의 개로 이루어진 팀을 이루었습니다.

But the new dogs were unfit and poorly trained for sled work.

하지만 새로 데려온 개들은 썰매 작업에 적합하지 않았고 제대로 훈련되지도 않았습니다.

Three of the dogs were short-haired pointers, and one was a Newfoundland.

개 중 세 마리는 짧은 털을 가진 포인터였고, 한 마리는 뉴펀들랜드였습니다.

The final two dogs were mutts of no clear breed or purpose at all.

마지막 두 마리의 개는 품종도 목적도 명확하지 않은 잡종이었습니다.

They didn't understand the trail, and they didn't learn it quickly.

그들은 그 길을 이해하지 못했고, 빨리 배우지도 못했습니다.

Buck and his mates watched them with scorn and deep irritation.
벅과 그의 친구들은 그들을 경멸과 깊은 짜증으로
바라보았습니다.

Though Buck taught them what not to do, he could not teach duty.
벅은 그들에게 무엇을 하지 말아야 하는지는 가르쳤지만,
의무는 가르칠 수 없었다.

They didn't take well to trail life or the pull of reins and sleds.
그들은 산길을 걷는 생활이나 고삐와 썰매를 끌어당기는
생활에 적응하지 못했습니다.

Only the mongrels tried to adapt, and even they lacked fighting spirit.
오직 잡종만이 적응하려고 했고, 그들조차도 투지가
부족했습니다.

The other dogs were confused, weakened, and broken by their new life.
다른 개들은 새로운 삶에 혼란스러워하고, 약해졌으며,
무너졌습니다.

With the new dogs clueless and the old ones exhausted, hope was thin.
새로 온 개들은 아무것도 모르고, 기존 개들은 지쳐 있었기
때문에 희망은 희박했습니다.

Buck's team had covered twenty-five hundred miles of harsh trail.
벅의 팀은 험난한 산길 2,500마일을 달렸습니다.

Still, the two men were cheerful and proud of their large dog team.
그럼에도 불구하고 두 남자는 쾌활했고, 그들이 데리고 다니는
큰 개 팀을 자랑스러워했습니다.

They thought they were traveling in style, with fourteen dogs hitched.
그들은 14마리의 개를 데리고 스타일리시하게 여행을 하고
있다고 생각했습니다.

They had seen sleds leave for Dawson, and others arrive from it.

그들은 도슨으로 썰매가 떠나는 것을 보았고, 다른 썰매들이 도슨에서 도착하는 것을 보았습니다.

But never had they seen one pulled by as many as fourteen dogs.

하지만 그들은 14마리나 되는 개가 한 마리를 끌고 가는 것을 본 적이 없었습니다.

There was a reason such teams were rare in the Arctic wilderness.

북극의 자연 속에서 이런 팀이 드문 데에는 이유가 있었습니다.

No sled could carry enough food to feed fourteen dogs for the trip.

어떤 썰매도 여행 내내 14마리의 개에게 먹일 만큼의 충분한 음식을 실을 수 없었습니다.

But Charles and Hal didn't know that—they had done the math.

하지만 찰스와 핼은 그 사실을 몰랐습니다. 그들은 이미 계산을 해 두었으니까요.

They penciled out the food: so much per dog, so many days, done.

그들은 음식의 양을 계산했습니다. 개 한 마리당 얼마인지, 며칠 동안 먹었는지.

Mercedes looked at their figures and nodded as if it made sense.

메르세데스는 그들의 모습을 보고, 그것이 무슨 뜻인지 알겠다는 듯이 고개를 끄덕였다.

It all seemed very simple to her, at least on paper.

그녀에게는 모든 것이 매우 간단해 보였습니다. 적어도 문서상으로는 말이죠.

The next morning, Buck led the team slowly up the snowy street.

다음날 아침, 벅은 팀을 이끌고 눈 덮인 거리를 천천히 올라갔습니다.

There was no energy or spirit in him or the dogs behind him.

그에게도, 그의 뒤에 있는 개들에게도 에너지나 정신이 없었습니다.

They were dead tired from the start—there was no reserve left.

그들은 처음부터 지쳐 있었습니다. 여유가 전혀 없었습니다.

Buck had made four trips between Salt Water and Dawson already.

벅은 이미 솔트워터와 도슨 사이를 네 번이나 여행했습니다.

Now, faced with the same trail again, he felt nothing but bitterness.

이제 다시 같은 길을 마주하게 되었지만, 그는 씁쓸함 외에는 아무것도 느끼지 못했습니다.

His heart was not in it, nor were the hearts of the other dogs.

그의 마음은 거기에 없었고, 다른 개들의 마음도 거기에 없었습니다.

The new dogs were timid, and the huskies lacked all trust.

새로 온 개들은 소심했고, 허스키들은 전혀 신뢰하지 않았습니다.

Buck sensed he could not rely on these two men or their sister.

벅은 이 두 남자나 그들의 자매를 믿을 수 없다는 것을 직감했습니다.

They knew nothing and showed no signs of learning on the trail.

그들은 아무것도 몰랐고, 길을 가면서 배우는 모습도 보이지 않았습니다.

They were disorganized and lacked any sense of discipline.

그들은 조직력이 부족했고 규율감이 전혀 없었습니다.

It took them half the night to set up a sloppy camp each time.

그들은 매번 엉성한 캠프를 세우는 데 반나절이 걸렸습니다.

And half the next morning they spent fumbling with the sled again.

그리고 다음날 아침의 절반은 다시 썰매를 만지작거리며 보냈습니다.

By noon, they often stopped just to fix the uneven load.

정오쯤 되면 그들은 종종 멈춰서 불균형한 하중을 해결하곤 했습니다.

On some days, they traveled less than ten miles in total.

어떤 날에는 그들이 총 10마일도 이동하지 못했습니다.

Other days, they didn't manage to leave camp at all.
다른 날에는 그들은 캠프를 전혀 떠나지 못했습니다.

They never came close to covering the planned food-distance.
그들은 계획된 식량 거리를 결코 넘지 못했습니다.

As expected, they ran short on food for the dogs very quickly.
예상했던 대로, 개들의 먹이가 금세 부족해졌습니다.

They made matters worse by overfeeding in the early days.
그들은 초기에 과잉 공급으로 상황을 악화시켰습니다.

This brought starvation closer with every careless ration.
이런 식으로 부주의한 식량 배급으로 인해 기아가 더 가까워졌습니다.

The new dogs had not learned to survive on very little.
새로 온 개들은 아주 적은 양으로 생존하는 법을 배우지 못했습니다.

They ate hungrily, with appetites too large for the trail.
그들은 길을 따라가는 것보다 식욕이 너무 왕성해서 배고프게 먹었습니다.

Seeing the dogs weaken, Hal believed the food wasn't enough.
개들이 약해지는 것을 보고, 핼은 음식이 충분하지 않다고 생각했습니다.

He doubled the rations, making the mistake even worse.
그는 식량 배급량을 두 배로 늘려서 실수를 더욱 심화시켰습니다.

Mercedes added to the problem with tears and soft pleading.
메르세데스는 눈물과 부드러운 애원으로 문제를 더욱 키웠다.

When she couldn't convince Hal, she fed the dogs in secret.
핼을 설득할 수 없자, 그녀는 비밀리에 개들에게 먹이를 주었습니다.

She stole from the fish sacks and gave it to them behind his back.
그녀는 물고기 자루에서 물고기를 훔쳐서 그의 눈 밖에 나서 그들에게 주었습니다.

But what the dogs truly needed wasn't more food — it was rest.

하지만 개들에게 정말 필요한 것은 더 많은 음식이 아니라
휴식이었습니다.

They were making poor time, but the heavy sled still dragged on.

그들은 시간을 많이 낭비하지 않았지만, 무거운 썰매는 여전히
계속 끌렸습니다.

That weight alone drained their remaining strength each day.

그 무게만으로도 그들의 남아 있던 힘이 매일 빠져나갔습니다.

Then came the stage of underfeeding as the supplies ran low.

그러다가 공급이 부족해져서 충분한 영양을 공급하지 못하는
단계가 왔습니다.

Hal realized one morning that half the dog food was already gone.

어느 날 아침, 핼은 개 사료의 절반이 이미 없어졌다는 것을
깨달았습니다.

They had only traveled a quarter of the total trail distance.

그들은 전체 산길 거리의 4분의 1만 이동했습니다.

No more food could be bought, no matter what price was offered.

아무리 가격을 매겨도 더 이상 음식을 살 수 없었습니다.

He reduced the dogs' portions below the standard daily ration.

그는 개들에게 주는 먹이를 표준 일일 배급량보다 줄였습니다.

At the same time, he demanded longer travel to make up for loss.

동시에 그는 손실을 메우기 위해 더 긴 여행을 요구했습니다.

Mercedes and Charles supported this plan, but failed in execution.

메르세데스와 샤를은 이 계획을 지지했지만 실행에는
실패했다.

Their heavy sled and lack of skill made progress nearly impossible.

무거운 썰매와 기술 부족으로 인해 전진이 거의
불가능했습니다.

It was easy to give less food, but impossible to force more effort.

음식을 줄이는 건 쉽지만, 더 많은 노력을 강요하는 건
불가능했습니다.

They couldn't start early, nor could they travel for extra hours.

그들은 일찍 출발할 수도 없었고, 몇 시간 더 여행할 수도
없었습니다.

They didn't know how to work the dogs, nor themselves, for that matter.

그들은 개를 다루는 법도, 자신들을 다루는 법도 몰랐습니다.

The first dog to die was Dub, the unlucky but hardworking thief.

처음으로 죽은 개는 불운하지만 열심히 일하는 도둑인
더브였습니다.

Though often punished, Dub had pulled his weight without complaint.

종종 벌을 받았지만, 더브는 불평 없이 자신의 몫을
다했습니다.

His injured shoulder grew worse without care or needed rest.

그의 다친 어깨는 치료나 휴식이 필요 없이 점점
악화되었습니다.

Finally, Hal used the revolver to end Dub's suffering.

마침내, 할은 리볼버를 사용해 더브의 고통을 끝냈다.

A common saying claimed that normal dogs die on husky rations.

일반적인 속담에 허스키 사료를 먹으면 일반 개도 죽는다는
말이 있습니다.

Buck's six new companions had only half the husky's share of food.

벅의 새로운 동료 여섯 마리는 허스키가 나눠 가진 음식의
절반만 가지고 있었습니다.

The Newfoundland died first, then the three short-haired pointers.

뉴펀들랜드가 먼저 죽고, 그 다음에 짧은 털을 가진 포인터 세
마리가 죽었습니다.

The two mongrels held on longer but finally perished like the rest.

두 잡종은 더 오래 버텼지만 결국 다른 이들처럼 죽고 말았다.

By this time, all the amenities and gentleness of the
Southland were gone.
이 무렵, 사우스랜드의 모든 편의 시설과 온화함은
사라졌습니다.
The three people had shed the last traces of their civilized
upbringing.
세 사람은 문명화된 양육의 마지막 흔적을 버렸습니다.
Stripped of glamour and romance, Arctic travel became
brutally real.
화려함과 로맨스가 사라진 북극 여행은 잔인할 정도로 현실이
되었습니다.
It was a reality too harsh for their sense of manhood and
womanhood.
그것은 그들의 남성성과 여성성에 대한 감각으로는 너무나
가혹한 현실이었습니다.
Mercedes no longer wept for the dogs, but now wept only
for herself.
메르세데스는 더 이상 개들을 위해 울지 않고, 오직 자신을
위해 울었습니다.
She spent her time crying and quarreling with Hal and
Charles.
그녀는 핼과 찰스와 울고 다투며 시간을 보냈다.
Quarreling was the one thing they were never too tired to
do.
다투는 것은 그들이 지쳐서 할 수 없는 유일한 일이었습니다.
Their irritability came from misery, grew with it, and
surpassed it.
그들의 짜증은 비참함에서 비롯되었고, 비참함과 함께
커졌으며, 비참함을 넘어섰습니다.
The patience of the trail, known to those who toil and suffer
kindly, never came.
친절하게 수고하고 고통을 겪는 사람들이 아는, 길에서 겪는
인내심은 결코 찾아오지 않았습니다.
That patience, which keeps speech sweet through pain, was
unknown to them.
고통 속에서도 말을 달콤하게 유지하는 그 인내심은
그들에게는 알려지지 않았다.

They had no hint of patience, no strength drawn from suffering with grace.
그들에게는 인내심이라는 흔적도 없었고, 은혜롭게 고통을 겪으면서 얻는 힘도 없었습니다.

They were stiff with pain—aching in their muscles, bones, and hearts.
그들은 고통으로 몸이 굳어졌습니다. 근육, 뼈, 심장이 아팠습니다.

Because of this, they grew sharp of tongue and quick with harsh words.
이 때문에 그들은 혀가 날카로워지고 거친 말을 하기 쉬워졌습니다.

Each day began and ended with angry voices and bitter complaints.
매일은 화난 목소리와 쓰라린 불평으로 시작하고 끝났습니다.

Charles and Hal wrangled whenever Mercedes gave them a chance.
메르세데스가 기회를 줄 때마다 찰스와 핼은 서로 다투었다.

Each man believed he did more than his fair share of the work.
각자는 자신에게 할당된 업무량 이상을 해냈다고 믿었습니다.

Neither ever missed a chance to say so, again and again.
두 사람 모두 그 말을 할 기회를 놓치지 않았고, 계속해서 그렇게 말했습니다.

Sometimes Mercedes sided with Charles, sometimes with Hal.
때로는 메르세데스는 찰스 편을 들었고, 때로는 핼 편을 들었습니다.

This led to a grand and endless quarrel among the three.
이로 인해 세 사람 사이에 끝없는 다툼이 벌어지게 되었다.

A dispute over who should chop firewood grew out of control.
장작을 누가 잘라야 할 것인가를 놓고 벌어진 논쟁이 걷잡을 수 없이 커졌습니다.

Soon, fathers, mothers, cousins, and dead relatives were named.
곧 아버지, 어머니, 사촌, 죽은 친척들의 이름이 지어졌습니다.

Hal's views on art or his uncle's plays became part of the fight.
할의 예술에 대한 견해나 그의 삼촌의 연극에 대한 견해가 싸움의 일부가 되었습니다.

Charles's political beliefs also entered the debate.
찰스의 정치적 신념 또한 논쟁에 포함되었습니다.

To Mercedes, even her husband's sister's gossip seemed relevant.
메르세데스에게는 남편의 누이의 소문조차도 중요한 것처럼 보였습니다.

She aired opinions on that and on many of Charles's family's flaws.
그녀는 그 문제와 찰스 가족의 많은 단점에 대한 의견을 밝혔습니다.

While they argued, the fire stayed unlit and camp half set.
그들이 논쟁하는 동안 불은 꺼져 있었고 캠프는 반쯤 세워져 있었습니다.

Meanwhile, the dogs remained cold and without any food.
그 사이 개들은 추위에 떨며 아무것도 먹지 못했습니다.

Mercedes held a grievance she considered deeply personal.
메르세데스는 자신이 매우 개인적으로 생각하는 불만을 품고 있었습니다.

She felt mistreated as a woman, denied her gentle privileges.
그녀는 여성으로서 부당한 대우를 받았다고 느꼈고, 신사로서의 특권을 박탈당했다고 느꼈습니다.

She was pretty and soft, and used to chivalry all her life.
그녀는 예쁘고 상냥했으며, 평생 기사도 정신에 익숙했습니다.

But her husband and brother now treated her with impatience.
하지만 그녀의 남편과 오빠는 이제 그녀를 참을성 없이 대했습니다.

Her habit was to act helpless, and they began to complain.
그녀는 무력하게 행동하는 게 습관이었고, 그들은 불평하기 시작했습니다.

Offended by this, she made their lives all the more difficult.
그녀는 이에 불쾌감을 느꼈고, 그들의 삶을 더욱 어렵게 만들었습니다.

She ignored the dogs and insisted on riding the sled herself.

그녀는 개들을 무시하고 직접 썰매를 타겠다고 고집했습니다.

Though light in looks, she weighed one hundred twenty pounds.

그녀는 겉모습은 가벼웠지만 몸무게는 120파운드나 나갔습니다.

That added burden was too much for the starving, weak dogs.

그 추가적인 부담은 굶주리고 허약한 개들에게는 너무 컸습니다.

Still, she rode for days, until the dogs collapsed in the reins.

그럼에도 불구하고 그녀는 개들이 고삐를 잡고 쓰러질 때까지 며칠 동안 말을 탔습니다.

The sled stood still, and Charles and Hal begged her to walk.

썰매는 멈춰 섰고, 찰스와 핼은 썰매에게 걸어가라고 간청했습니다.

They pleaded and entreated, but she wept and called them cruel.

그들은 간청하고 간청했지만, 그녀는 울면서 그들을 잔인하다고 불렀습니다.

On one occasion, they pulled her off the sled with sheer force and anger.

한번은 그들은 엄청난 힘과 분노로 그녀를 썰매에서 끌어냈습니다.

They never tried again after what happened that time.

그들은 그 일이 있은 후로 다시는 시도하지 않았습니다.

She went limp like a spoiled child and sat in the snow.

그녀는 버릇없는 아이처럼 힘이 빠지고 눈 속에 앉았습니다.

They moved on, but she refused to rise or follow behind.

그들은 계속 움직였지만, 그녀는 일어나거나 뒤따라오기를 거부했습니다.

After three miles, they stopped, returned, and carried her back.

3마일을 간 뒤, 그들은 멈춰 서서 돌아와 그녀를 다시 업고 돌아왔다.

They reloaded her onto the sled, again using brute strength.

그들은 다시 힘을 써서 그녀를 썰매에 다시 태웠다.

**In their deep misery, they were callous to the dogs'
suffering.**
그들은 깊은 비참함에 빠져서 개들의 고통에는
무감각했습니다.

**Hal believed one must get hardened and forced that belief
on others.**
할은 사람이 강해져야 한다고 믿었고, 그 믿음을 다른
사람들에게 강요했습니다.

He first tried to preach his philosophy to his sister
그는 먼저 자신의 철학을 여동생에게 전파하려고 했습니다.

and then, without success, he preached to his brother-in-law.
그리고 나서, 성공하지 못한 채 그는 처남에게 설교했습니다.

**He had more success with the dogs, but only because he hurt
them.**
그는 개들을 다루는 데 더 성공적이었지만, 그것은 그가
개들을 다치게 했기 때문일 뿐이다.

At Five Fingers, the dog food ran out of food completely.
파이브 핑거스에서는 개 사료가 완전히 떨어졌습니다.

**A toothless old squaw sold a few pounds of frozen horse-
hide**
이가 없는 늙은 여자가 얼어붙은 말가죽 몇 파운드를
팔았습니다.

Hal traded his revolver for the dried horse-hide.
할은 리볼버를 말린 말가죽과 교환했다.

**The meat had come from starved horses of cattlemen months
before.**
그 고기는 몇 달 전 목축업자들이 굶주린 말의 고기였습니다.

**Frozen, the hide was like galvanized iron; tough and
inedible.**
얼어붙은 가죽은 마치 아연 도금된 철과 같아서 질기고 먹을
수 없었습니다.

The dogs had to chew endlessly at the hide to eat it.
개들은 가죽을 먹기 위해 끝없이 씹어야 했습니다.

**But the leathery strings and short hair were hardly
nourishment.**
하지만 가죽 같은 털과 짧은 털은 영양분이 될 수 없었다.

**Most of the hide was irritating, and not food in any true
sense.**

가죽의 대부분은 자극적이었고, 엄밀히 말하면 음식이
아니었습니다.

**And through it all, Buck staggered at the front, like in a
nightmare.**

그리고 그 모든 일에도 불구하고 벅은 악몽 속에서처럼
비틀거리며 앞장섰다.

**He pulled when able; when not, he lay until whip or club
raised him.**

그는 할 수 있을 때는 잡아당겼고, 할 수 없을 때는 채찍이나
곤봉이 그를 들어올릴 때까지 누워 있었습니다.

**His fine, glossy coat had lost all stiffness and sheen it once
had.**

그의 곱고 윤기 나는 털은 한때 가지고 있던 뻣뻣함과 윤기를
모두 잃어버렸습니다.

**His hair hung limp, draggled, and clotted with dried blood
from the blows.**

그의 머리카락은 힘없이 늘어져 있었고, 질질 끌려 있었으며,
타격으로 인한 말라붙은 피로 굳어 있었다.

**His muscles shrank to cords, and his flesh pads were all
worn away.**

그의 근육은 끈처럼 줄어들었고, 살갗은 모두 닳아
없어졌습니다.

**Each rib, each bone showed clearly through folds of
wrinkled skin.**

주름진 피부 사이로 각 갈비뼈, 각 뼈가 선명하게
드러났습니다.

It was heartbreaking, yet Buck's heart could not break.

가슴 아픈 일이었지만, 벅의 마음은 무너지지 않았습니다.

**The man in the red sweater had tested that and proved it
long ago.**

빨간 스웨터를 입은 남자는 그것을 오래전에 시험해 보고
증명했습니다.

**As it was with Buck, so it was with all his remaining
teammates.**

벅의 경우와 마찬가지로, 그의 나머지 팀원들도 마찬가지였다.

**There were seven in total, each one a walking skeleton of
misery.**

모두 일곱 명이었고, 각자는 비참함의 걸어다니는
해골이었습니다.

They had grown numb to lash, feeling only distant pain.
그들은 채찍질에 무감각해졌고, 멀리서 느껴지는 고통만을
느꼈습니다.

**Even sight and sound reached them faintly, as through a
thick fog.**
짙은 안개 속에서처럼, 시력과 청각조차 희미하게 그들에게
전달되었습니다.

**They were not half alive—they were bones with dim sparks
inside.**
그들은 반쯤 살아 있는 것이 아니었습니다. 그들은 안에
희미한 불꽃이 있는 뼈일 뿐이었습니다.

**When stopped, they collapsed like corpses, their sparks
almost gone.**
멈추자 그들은 시체처럼 쓰러졌고, 불꽃은 거의 사라졌습니다.

**And when the whip or club struck again, the sparks
fluttered weakly.**
그리고 채찍이나 곤봉이 다시 닿았을 때, 불꽃은 약하게
펄럭였다.

**Then they rose, staggered forward, and dragged their limbs
ahead.**
그러고 나서 그들은 일어나 비틀거리며 앞으로 나아가며
팔다리를 앞으로 끌었다.

One day kind Billee fell and could no longer rise at all.
어느 날 친절한 빌리는 쓰러져서 더 이상 일어날 수 없게
되었습니다.

**Hal had traded his revolver, so he used an axe to kill Billee
instead.**
할은 리볼버를 교환했기 때문에 대신 도끼를 사용해 빌리를
죽였습니다.

**He struck him on the head, then cut his body free and
dragged it away.**
그는 그의 머리를 내리친 다음 그의 몸을 베어내고 끌고 갔다.

**Buck saw this, and so did the others; they knew death was
near.**
벅은 이 사실을 알았고, 다른 사람들도 이를 보았습니다.
그들은 죽음이 다가오고 있다는 것을 알았습니다.

Next day Koona went, leaving just five dogs in the starving team.

다음날 쿠나는 떠났고, 굶주린 팀에는 개 다섯 마리만 남았습니다.

Joe, no longer mean, was too far gone to be aware of much at all.

조는 더 이상 심술궂지 않았지만, 너무 정신이 나가서 아무것도 알아차리지 못했습니다.

Pike, no longer faking his injury, was barely conscious.

파이크는 더 이상 부상을 가장하지 않았고, 거의 의식이 없었습니다.

Solleks, still faithful, mourned he had no strength to give.

여전히 충실한 솔렉스는 더 이상 줄 힘이 없다는 것을 슬퍼했습니다.

Teek was beaten most because he was fresher, but fading fast.

티크는 더 신선했기 때문에 가장 많이 패배했지만, 빠르게 쇠퇴했습니다.

And Buck, still in the lead, no longer kept order or enforced it.

그리고 여전히 선두에 있던 벅은 더 이상 질서를 유지하거나 이를 집행하지 않았습니다.

Half blind with weakness, Buck followed the trail by feel alone.

약함으로 인해 반쯤 눈이 먼 벅은 감각만으로 흔적을 따라갔다.

It was beautiful spring weather, but none of them noticed it.

아름다운 봄날씨였지만, 그들 중 누구도 그것을 눈치채지 못했습니다.

Each day the sun rose earlier and set later than before.

매일 해가 예전보다 일찍 뜨고, 예전보다 늦게 졌습니다.

By three in the morning, dawn had come; twilight lasted till nine.

새벽 3시가 되자 새벽이 밝았고, 황혼은 9시까지 지속되었습니다.

The long days were filled with the full blaze of spring sunshine.

긴 낮 동안에는 봄의 햇살이 활짝 비치었습니다.

The ghostly silence of winter had changed into a warm murmur.

겨울의 유령같은 고요함은 따뜻한 속삭임으로 바뀌었습니다.

All the land was waking, alive with the joy of living things.

온 땅이 깨어나, 살아있는 존재들의 기쁨으로 살아 숨 쉬고 있었습니다.

The sound came from what had lain dead and still through winter.

그 소리는 겨울 내내 죽어서 움직이지 않던 것에서 나왔습니다.

Now, those things moved again, shaking off the long frost sleep.

이제 그 것들이 다시 움직이며 긴 서리잠을 털어냈습니다.

Sap was rising through the dark trunks of the waiting pine trees.

기다리고 있던 소나무의 어두운 줄기 사이로 수액이 흘러내렸습니다.

Willows and aspens burst out bright young buds on each twig.

버드나무와 아스펜은 각 나뭇가지에서 밝고 어린 새싹을 터뜨렸습니다.

Shrubs and vines put on fresh green as the woods came alive.

숲이 생기를 띠면서 관목과 덩굴이 새 푸르름을 띱니다.

Crickets chirped at night, and bugs crawled in daylight sun.

밤에는 귀뚜라미가 울었고, 낮에는 벌레가 기어다녔습니다.

Partridges boomed, and woodpeckers knocked deep in the trees.

참새가 울부짖고, 딱따구리가 나무 깊숙이 울었다.

Squirrels chattered, birds sang, and geese honked over the dogs.

다람쥐가 지저귀고, 새들이 노래하고, 거위들이 개들 위로 울었습니다.

The wild-fowl came in sharp wedges, flying up from the south.

들새들이 남쪽에서 날아오면서 날카로운 쐐기 모양 떼를 지어 날아왔습니다.

From every hillside came the music of hidden, rushing
streams.

모든 언덕에서 숨겨진 시냇물이 흐르는 음악이 들려왔다.

All things thawed and snapped, bent and burst back into
motion.

모든 것이 녹아내리고 부러지고, 구부러지고 다시 움직이기
시작했습니다.

The Yukon strained to break the cold chains of frozen ice.

유콘 강은 얼어붙은 얼음의 차가운 사슬을 끊으려고 애썼다.

The ice melted underneath, while the sun melted it from
above.

얼음은 아래쪽에서 녹았고, 태양은 위쪽에서 녹였습니다.

Air-holes opened, cracks spread, and chunks fell into the
river.

공기구멍이 열리고, 균열이 벌어지고, 덩어리가 강으로
떨어졌습니다.

Amid all this bursting and blazing life, the travelers
staggered.

이 모든 폭발적이고 불타는 삶 속에서 여행자들은
비틀거렸습니다.

Two men, a woman, and a pack of huskies walked like the
dead.

두 남자, 한 여자, 그리고 허스키 무리가 죽은 사람처럼
걸어갔다.

The dogs were falling, Mercedes wept, but still rode the
sled.

개들이 넘어지고, 메르세데스는 울었지만, 여전히 썰매를
탔다.

Hal cursed weakly, and Charles blinked through watering
eyes.

할은 힘없이 욕설을 내뱉었고, 찰스는 눈물을 흘리며 눈을
깜빡였다.

They stumbled into John Thornton's camp by White River's
mouth.

그들은 화이트 리버 하구에서 존 손튼의 캠프에 우연히
들어갔습니다.

When they stopped, the dogs dropped flat, as if all struck
dead.

그들이 멈추자, 개들은 모두 죽은 것처럼 쓰러졌습니다.

Mercedes wiped her tears and looked across at John Thornton.
메르세데스는 눈물을 닦고 존 손튼을 바라보았다.

Charles sat on a log, slowly and stiffly, aching from the trail.
찰스는 몸을 뻣뻣하게 하고 천천히 통나무에 앉았다. 그는 발걸음 때문에 몸이 아팠다.

Hal did the talking as Thornton carved the end of an axe-handle.
손튼이 도끼 자루의 끝을 조각하는 동안 할이 이야기를 나누었습니다.

He whittled birch wood and answered with brief, firm replies.
그는 자작나무를 깎아 짧고 단호한 대답을 내렸다.

When asked, he gave advice, certain it wasn't going to be followed.
그가 묻자 그는 그 조언이 따르지 않을 것이라고 확신하며 조언을 했습니다.

Hal explained, "They told us the trail ice was dropping out."
할은 "산길의 얼음이 빠져나가고 있다고 들었어요."라고 설명했습니다.

"They said we should stay put—but we made it to White River."
"그들은 우리가 그 자리에 머물러야 한다고 했지만, 우리는 화이트 리버에 도착했습니다."

He ended with a sneering tone, as if to claim victory in hardship.
그는 마치 고난 속에서 승리를 주장하듯이 비웃는 어조로 말을 마쳤다.

"And they told you true," John Thornton answered Hal quietly.
"그들이 당신에게 진실을 말했어요." 존 손튼이 조용히 할에게 대답했다.

"The ice may give way at any moment—it's ready to drop out."
"얼음은 언제든지 무너질 수 있어요. 떨어져 나갈 준비가 되어 있죠."

"Only blind luck and fools could have made it this far alive."
"오직 행운과 바보들만이 이렇게 멀리까지 살아올 수 있었을 거야."

"I tell you straight, I wouldn't risk my life for all Alaska's gold."
"솔직히 말해서, 알래스카의 모든 금을 위해서라면 내 목숨을 걸고 싶지 않아요."

"That's because you're not a fool, I suppose," Hal answered.
"그건 당신이 바보가 아니기 때문일 거예요." 할이 대답했다.

"All the same, we'll go on to Dawson." He uncoiled his whip.
"그래도 우리는 도슨에게로 갈 거야." 그는 채찍을 풀었다.

"Get up there, Buck! Hi! Get up! Go on!" he shouted harshly.
"일어나, 벅! 안녕! 일어나! 어서!" 그는 거칠게 소리쳤다.

Thornton kept whittling, knowing fools won't hear reason.
쏜튼은 바보들은 이성의 말을 듣지 않을 거라는 걸 알고 계속해서 깎아내렸습니다.

To stop a fool was futile—and two or three fooled changed nothing.
어리석은 사람을 막는 것은 소용이 없습니다. 그리고 두세 명이 속아도 아무것도 변하지 않습니다.

But the team didn't move at the sound of Hal's command.
하지만 핼의 명령에도 불구하고 팀은 움직이지 않았다.

By now, only blows could make them rise and pull forward.
이제 그들을 일으켜 세우고 앞으로 나아가게 할 수 있는 것은 타격뿐이었습니다.

The whip snapped again and again across the weakened dogs.
채찍은 약해진 개들에게 계속해서 휘둘렸다.

John Thornton pressed his lips tightly and watched in silence.
존 손튼은 입술을 꽉 다물고 말없이 지켜보았다.

Solleks was the first to crawl to his feet under the lash.
채찍질을 당하자 솔렉스가 가장 먼저 일어섰다.

Then Teek followed, trembling. Joe yelped as he stumbled up.

그러자 틱이 몸을 떨며 따라왔다. 조는 비틀거리며 일어서며
비명을 질렀다.

Pike tried to rise, failed twice, then finally stood unsteadily.
파이크는 일어서려고 했지만 두 번이나 실패하고 마침내
비틀거리며 일어섰다.

But Buck lay where he had fallen, not moving at all this time.
하지만 벅은 쓰러진 자리에 그대로 누워서 전혀 움직이지
않았습니다.

The whip slashed him over and over, but he made no sound.
채찍이 그를 계속해서 베었지만 그는 소리를 내지 않았다.

He did not flinch or resist, simply remained still and quiet.
그는 움찔하거나 저항하지 않고 그저 가만히 있었습니다.

Thornton stirred more than once, as if to speak, but didn't.
쏜튼은 말을 하려는 듯 여러 번 몸을 움직였지만 말을 하지
않았다.

His eyes grew wet, and still the whip cracked against Buck.
그의 눈은 젖었고, 채찍은 여전히 벅을 때렸다.

At last, Thornton began pacing slowly, unsure of what to do.
마침내, 쏜튼은 무엇을 해야 할지 몰라 천천히 왔다 갔다 하기
시작했습니다.

It was the first time Buck had failed, and Hal grew furious.
벅이 실패한 것은 이번이 처음이었고, 핼은 분노했다.

He threw down the whip and picked up the heavy club instead.
그는 채찍을 내려놓고 대신 무거운 곤봉을 집어들었다.

The wooden club came down hard, but Buck still did not rise to move.
나무 곤봉이 세게 내려왔지만, 벅은 여전히 일어나 움직이지
않았다.

Like his teammates, he was too weak—but more than that.
그의 팀 동료들처럼 그도 너무 약했습니다. 하지만 그
이상이었습니다.

Buck had decided not to move, no matter what came next.
벅은 무슨 일이 일어나더라도 움직이지 않기로 결심했습니다.

He felt something dark and certain hovering just ahead.
그는 바로 앞에 뭔가 어둡고 확실한 것이 떠 있는 것을 느꼈다.

That dread had seized him as soon as he reached the riverbank.

그 공포는 그가 강둑에 도착하자마자 그를 사로잡았습니다.

The feeling had not left him since he felt the ice thin under his paws.

그는 발 밑의 얼음이 얇아지는 것을 느낀 이후로 그 느낌을 떨쳐낼 수 없었다.

Something terrible was waiting—he felt it just down the trail.

뭔가 끔찍한 일이 기다리고 있다는 것을 그는 산길 바로 아래에서 느꼈다.

He wasn't going to walk towards that terrible thing ahead

그는 앞에 있는 그 끔찍한 것을 향해 걸어갈 생각이 없었다.

He was not going to obey any command that took him to that thing.

그는 그를 그 곳으로 인도하는 어떠한 명령에도 복종하지 않을 것입니다.

The pain of the blows hardly touched him now—he was too far gone.

타격의 고통은 이제 그에게 거의 느껴지지 않았다. 그는 너무 지쳐 있었다.

The spark of life flickered low, dimmed beneath each cruel strike.

생명의 불꽃이 낮게 깜빡이며 잔혹한 일격마다 희미해졌습니다.

His limbs felt distant; his whole body seemed to belong to another.

그의 팔다리는 멀리 떨어져 있는 것 같았고, 그의 몸 전체는 다른 사람의 소유인 것 같았다.

He felt a strange numbness as the pain faded out completely.

그는 고통이 완전히 사라지자 이상한 무감각함을 느꼈다.

From far away, he sensed he was being beaten, but barely knew.

멀리서 그는 자신이 구타당하고 있다는 것을 느꼈지만 거의 알지 못했습니다.

He could hear the thuds faintly, but they no longer truly hurt.

그는 쿵쿵거리는 소리를 희미하게 들었지만, 더 이상 진짜로 아프지는 않았다.

The blows landed, but his body no longer seemed like his own.
타격이 가해졌지만, 그의 몸은 더 이상 자신의 몸 같지 않았습니다.

Then suddenly, without warning, John Thornton gave a wild cry.
그러자 갑자기, 아무런 경고도 없이, 존 손튼이 갑자기 큰 소리로 울부짖었다.

It was inarticulate, more the cry of a beast than of a man.
그것은 분명하지 않았고, 사람의 울음소리라기보다는 짐승의 울음소리에 가까웠다.

He leapt at the man with the club and knocked Hal backward.
그는 곤봉을 든 남자에게 달려들어 할을 뒤로 밀어냈다.

Hal flew as if struck by a tree, landing hard upon the ground.
할은 나무에 맞은 듯 날아가다가 땅에 세게 착지했다.

Mercedes screamed aloud in panic and clutched at her face.
메르세데스는 당황해서 큰 소리로 비명을 지르며 얼굴을 움켜쥐었다.

Charles only looked on, wiped his eyes, and stayed seated.
찰스는 그저 바라보며 눈물을 닦고 앉아만 있었다.

His body was too stiff with pain to rise or help in the fight.
그의 몸은 너무 뻣뻣해서 일어날 수도, 싸움에 참여할 수도 없었다.

Thornton stood over Buck, trembling with fury, unable to speak.
쏜튼은 벅 위에 서서 분노에 떨며 말을 할 수 없었다.

He shook with rage and fought to find his voice through it.
그는 분노에 몸을 떨었고, 그 속에서 자신의 목소리를 찾으려고 애썼다.

"If you strike that dog again, I'll kill you," he finally said.
"그 개를 다시 때리면 죽여버릴 거야." 그는 마침내 말했다.

Hal wiped blood from his mouth and came forward again.
할은 입가의 피를 닦고 다시 앞으로 나왔다.

"It's my dog," he muttered. "Get out of the way, or I'll fix you."

"내 개잖아." 그가 중얼거렸다. "비켜, 안 그러면 내가 고쳐줄게."

"I'm going to Dawson, and you're not stopping me," he added.

그는 "나는 도슨으로 갈 거야. 너희가 나를 막을 수는 없어."라고 덧붙였다.

Thornton stood firm between Buck and the angry young man.

쏜튼은 벅과 화난 청년 사이에 굳건히 섰다.

He had no intention of stepping aside or letting Hal pass.

그는 물러나거나 핼을 지나가게 할 생각이 전혀 없었다.

Hal pulled out his hunting knife, long and dangerous in hand.

핼은 사냥용 칼을 꺼냈다. 그 칼은 길고 위험했다.

Mercedes screamed, then cried, then laughed in wild hysteria.

메르세데스는 비명을 지르고, 울고, 그리고 격렬한 히스테리에 빠져 웃었다.

Thornton struck Hal's hand with his axe-handle, hard and fast.

쏜튼은 도끼 자루로 핼의 손을 빠르고 세게 쳤다.

The knife was knocked loose from Hal's grip and flew to the ground.

칼은 핼의 손에서 빠져나와 땅으로 떨어졌다.

Hal tried to pick the knife up, and Thornton rapped his knuckles again.

핼은 칼을 집으려고 했고, 쏜튼은 다시 한번 그의 손가락 관절을 두드렸다.

Then Thornton stooped down, grabbed the knife, and held it.

그러자 쏜튼은 몸을 굽혀 칼을 움켜쥐고 있었다.

With two quick chops of the axe-handle, he cut Buck's reins.

그는 도끼 자루를 두 번 빠르게 휘둘러 벅의 고삐를 잘랐다.

Hal had no fight left in him and stepped back from the dog.

핼은 더 이상 싸울 힘이 없었고 개에게서 물러섰다.

Besides, Mercedes needed both arms now to keep her upright.

게다가 메르세데스는 이제 몸을 똑바로 세우려면 두 팔이 모두 필요했다.

Buck was too near death to be of use for pulling a sled again.

벅은 다시 썰매를 끌기에는 너무 죽음이 가까웠다.

A few minutes later, they pulled out, heading down the river.

몇 분 후, 그들은 강을 따라 내려갔습니다.

Buck raised his head weakly and watched them leave the bank.

벅은 힘없이 고개를 들고 그들이 은행에서 나가는 것을 지켜보았다.

Pike led the team, with Solleks at the rear in the wheel spot.

파이크가 팀을 이끌었고, 솔렉스가 뒤에서 휠을 맡았습니다.

Joe and Teek walked between, both limping with exhaustion.

조와 틱은 둘 다 지쳐서 다리를 절뚝거리며 그 사이를 걸어갔다.

Mercedes sat on the sled, and Hal gripped the long gee-pole.

메르세데스는 썰매에 앉았고, 할은 긴 썰매 막대를 잡았다.

Charles stumbled behind, his steps clumsy and uncertain.

찰스는 뒤처지며 비틀거렸고, 그의 발걸음은 어색하고 불안했다.

Thornton knelt by Buck and gently felt for broken bones.

쏜튼은 벅 옆에 무릎을 꿇고 조심스럽게 부러진 뼈를 만져보았다.

His hands were rough but moved with kindness and care.

그의 손은 거칠었지만 친절하고 세심하게 움직였다.

Buck's body was bruised but showed no lasting injury.

벅의 몸은 멍이 들었지만 영구적인 부상은 보이지 않았습니다.

What remained was terrible hunger and near-total weakness.

남은 것은 극심한 배고픔과 거의 완전한 쇠약뿐이었습니다.

By the time this was clear, the sled had gone far downriver.

이것이 명확해졌을 때쯤, 썰매는 이미 강 하류로 멀리 이동해 버렸습니다.

Man and dog watched the sled slowly crawl over the cracking ice.

남자와 개는 썰매가 갈라지는 얼음 위로 천천히 기어가는 것을 지켜보았습니다.

Then, they saw the sled sink down into a hollow.
그러자 그들은 썰매가 움푹 들어간 곳으로 가라앉는 것을 보았습니다.

The gee-pole flew up, with Hal still clinging to it in vain.
기둥이 날아올랐지만, 할은 여전히 기둥에 매달려 있었지만 소용이 없었다.

Mercedes's scream reached them across the cold distance.
메르세데스의 비명 소리가 차가운 거리를 가로질러 그들에게 전해졌습니다.

Charles turned and stepped back—but he was too late.
찰스는 돌아서서 한 걸음 물러섰다. 하지만 그는 너무 늦었다.

A whole ice sheet gave way, and they all dropped through.
빙하 전체가 무너졌고, 그들은 모두 그 아래로 떨어졌습니다.

Dogs, sled, and people vanished into the black water below.
개, 썰매, 사람들이 아래의 검은 물 속으로 사라졌습니다.

Only a wide hole in the ice was left where they had passed.
그들이 지나간 자리에는 얼음에 넓은 구멍만 남았다.

The trail's bottom had dropped out—just as Thornton warned.
쏜튼이 경고한 대로, 산길의 바닥이 빠져나갔습니다.

Thornton and Buck looked at one another, silent for a moment.
쏜튼과 벅은 잠시 아무 말 없이 서로를 바라보았다.

"You poor devil," said Thornton softly, and Buck licked his hand.
"불쌍한 놈이군." 손튼이 부드럽게 말했고, 벅은 그의 손을 핥았다.

For the Love of a Man
남자를 사랑해서

John Thornton froze his feet in the cold of the previous December.
존 손튼은 지난 12월의 추위로 발이 얼어붙었습니다.

His partners made him comfortable and left him to recover alone.
그의 파트너들은 그를 편안하게 해 주었고 그가 혼자 회복할 수 있도록 내버려 두었습니다.

They went up the river to gather a raft of saw-logs for Dawson.
그들은 도슨을 위해 톱질용 통나무를 모으기 위해 강을 거슬러 올라갔습니다.

He was still limping slightly when he rescued Buck from death.
그는 벅을 죽음에서 구해냈을 때에도 여전히 약간 절뚝거리고 있었습니다.

But with warm weather continuing, even that limp disappeared.
하지만 따뜻한 날씨가 계속되자 그 절름발이도 사라졌습니다.

Lying by the riverbank during long spring days, Buck rested.
벅은 긴 봄날 강둑에 누워서 휴식을 취했습니다.

He watched the flowing water and listened to birds and insects.
그는 흐르는 물을 바라보며 새와 곤충의 소리에 귀를 기울였다.

Slowly, Buck regained his strength under the sun and sky.
벅은 천천히 태양과 하늘 아래서 힘을 되찾았습니다.

A rest felt wonderful after traveling three thousand miles.
3천 마일을 여행한 후에 휴식을 취하니 기분이 정말 좋았습니다.

Buck became lazy as his wounds healed and his body filled out.
벅의 상처가 낫고 몸이 부풀어 오르자, 그는 게으르게 되었다.

His muscles grew firm, and flesh returned to cover his bones.

그의 근육이 단단해졌고, 살이 다시 뼈를 덮었습니다.

They were all resting—Buck, Thornton, Skeet, and Nig.
그들은 모두 쉬고 있었습니다. 벅, 손튼, 스키트, 니그.

They waited for the raft that was going to carry them down to Dawson.
그들은 도슨으로 그들을 데려다줄 뗏목을 기다렸다.

Skeet was a small Irish setter who made friends with Buck.
스키트는 벅과 친구가 된 작은 아일랜드 세터였습니다.

Buck was too weak and ill to resist her at their first meeting.
벅은 첫 만남에서 그녀를 저항할 수 없을 만큼 약하고 아팠다.

Skeet had the healer trait that some dogs naturally possess.
스키트는 일부 개들이 본래 가지고 있는 치료사 특성을 가지고 있었습니다.

Like a mother cat, she licked and cleaned Buck's raw wounds.
그녀는 어미 고양이처럼 벅의 상처를 핥고 닦아주었다.

Every morning after breakfast, she repeated her careful work.
매일 아침 식사 후, 그녀는 신중하게 작업하는 것을 반복했습니다.

Buck came to expect her help as much as he did Thornton's.
벅은 쏜튼의 도움을 기대했던 것만큼 그녀의 도움도 기대하게 되었다.

Nig was friendly too, but less open and less affectionate.
니그도 친절했지만 덜 개방적이고 덜 애정 어린 사람이었습니다.

Nig was a big black dog, part bloodhound and part deerhound.
니그는 몸집이 큰 검은 개로, 블러드하운드와 디어하운드의 혼합종이었습니다.

He had laughing eyes and endless good nature in his spirit.
그는 웃는 눈을 가지고 있었고, 그의 정신 속에는 끝없는 선량함이 있었습니다.

To Buck's surprise, neither dog showed jealousy toward him.
벅이 놀란 것은, 두 마리의 개 모두 그에게 질투심을 보이지 않았다는 것이다.

Both Skeet and Nig shared the kindness of John Thornton.

스키트와 니그는 둘 다 존 손튼의 친절을 공유했습니다.

As Buck got stronger, they lured him into foolish dog games.
벅이 강해지자, 그들은 그를 어리석은 개 놀이에
유인했습니다.

Thornton often played with them too, unable to resist their joy.
쏜튼 역시 종종 그들과 놀았고, 그들의 기쁨을 이기지
못했습니다.

In this playful way, Buck moved from illness to a new life.
이런 장난기 넘치는 방식으로 벅은 병에서 벗어나 새로운
삶으로 나아갔습니다.

Love—true, burning, and passionate love—was his at last.
사랑, 진실하고 뜨겁고 열정적인 사랑이 마침내 그에게
찾아왔습니다.

He had never known this kind of love at Miller's estate.
그는 밀러의 영지에서 이런 종류의 사랑을 경험한 적이
없었다.

With the Judge's sons, he had shared work and adventure.
그는 판사의 아들들과 함께 일과 모험을 공유했습니다.

With the grandsons, he saw stiff and boastful pride.
그는 손자들에게서 뻣뻣하고 거만한 자존심을 보았다.

With Judge Miller himself, he had a respectful friendship.
그는 밀러 판사와도 존중하는 우정을 나누었습니다.

But love that was fire, madness, and worship came with Thornton.
하지만 쏜튼에게는 불과 광기, 숭배가 담긴 사랑이
찾아왔습니다.

This man had saved Buck's life, and that alone meant a great deal.
이 남자는 벅의 생명을 구했고, 그것만으로도 큰 의미가
있었습니다.

But more than that, John Thornton was the ideal kind of master.
하지만 그보다 더 중요한 것은, 존 손튼이 이상적인
스승이었다는 점입니다.

Other men cared for dogs out of duty or business necessity.
어떤 사람들은 의무나 사업상의 필요 때문에 개를
돌보았습니다.

John Thornton cared for his dogs as if they were his children.

존 손튼은 마치 자기 자식처럼 자기 개들을 돌보았습니다.

He cared for them because he loved them and simply could not help it.

그는 그들을 사랑했기 때문에 그들을 돌보았고, 도저히 그럴 수 없었습니다.

John Thornton saw even further than most men ever managed to see.

존 손튼은 대부분의 남자들이 볼 수 있는 것보다 더 멀리 보았습니다.

He never forgot to greet them kindly or speak a cheering word.

그는 그들에게 친절하게 인사하거나 격려의 말을 건네는 것을 결코 잊지 않았습니다.

He loved sitting down with the dogs for long talks, or "gassy," as he said.

그는 개들과 함께 앉아서 오랜 시간 이야기를 나누는 것을 좋아했습니다. 그의 표현을 빌리자면 "가스 같은" 시간이었습니다.

He liked to seize Buck's head roughly between his strong hands.

그는 강한 손으로 벅의 머리를 거칠게 움켜쥐는 것을 좋아했다.

Then he rested his own head against Buck's and shook him gently.

그러고 나서 그는 자신의 머리를 벅의 머리에 기대고 부드럽게 흔들었다.

All the while, he called Buck rude names that meant love to Buck.

그는 벅을 향해 무례한 이름을 불렀는데, 이는 벅에 대한 사랑을 의미했다.

To Buck, that rough embrace and those words brought deep joy.

벅에게는 그 거친 포옹과 그 말이 깊은 기쁨을 가져다주었습니다.

His heart seemed to shake loose with happiness at each movement.

그의 가슴은 매 움직임마다 행복으로 떨리는 듯했다.

When he sprang up afterward, his mouth looked like it laughed.

그가 나중에 벌떡 일어섰을 때, 그의 입은 웃는 것처럼 보였다.

His eyes shone brightly and his throat trembled with unspoken joy.

그의 눈은 밝게 빛났고, 그의 목은 말로 표현할 수 없는 기쁨으로 떨렸다.

His smile stood still in that state of emotion and glowing affection.

그의 미소는 그 감정과 빛나는 애정의 상태에서 그대로 멈췄다.

Then Thornton exclaimed thoughtfully, "God! he can almost speak!"

그러자 손튼은 생각에 잠긴 듯 소리쳤다. "맙소사! 거의 말을 할 수 있을 것 같아!"

Buck had a strange way of expressing love that nearly caused pain.

벅은 사랑을 표현하는 이상한 방법을 가지고 있었는데, 그 방법은 거의 고통을 불러일으켰습니다.

He often griped Thornton's hand in his teeth very tightly.

그는 종종 쏜튼의 손을 이빨로 매우 세게 움켜쥐곤 했다.

The bite was going to leave deep marks that stayed for some time after.

물린 자국은 깊은 상처를 남겼고 그 상처는 한동안 남았습니다.

Buck believed those oaths were love, and Thornton knew the same.

벅은 그 맹세가 사랑이라고 믿었고, 손튼도 똑같은 것을 알았습니다.

Most often, Buck's love showed in quiet, almost silent adoration.

벅의 사랑은 대개 조용하고 거의 말없는 숭배의 형태로 나타났습니다.

Though thrilled when touched or spoken to, he did not seek attention.

그는 누군가 만지거나 말을 걸면 기뻐했지만, 주의를 끌려고 하지는 않았습니다.

Skeet nudged her nose under Thornton's hand until he petted her.
스키트는 쏜튼의 손 아래로 그녀의 코를 쿡 찌르며 쓰다듬었다.

Nig walked up quietly and rested his large head on Thornton's knee.
니그는 조용히 다가가서 큰 머리를 쏜튼의 무릎에 기댔다.

Buck, in contrast, was satisfied to love from a respectful distance.
반면 벅은 존중심을 가지고 거리를 두고 사랑하는 것에 만족했습니다.

He lied for hours at Thornton's feet, alert and watching closely.
그는 몇 시간 동안 쏜튼의 발치에 누워서 경계하며 주의 깊게 지켜보았습니다.

Buck studied every detail of his master's face and slightest motion.
벅은 주인의 얼굴과 사소한 움직임 하나하나를 주의 깊게 살폈다.

Or lied farther away, studying the man's shape in silence.
아니면 더 멀리 누워서 침묵 속에서 남자의 모습을 살펴보기도 했습니다.

Buck watched each small move, each shift in posture or gesture.
벅은 모든 작은 움직임, 자세나 몸짓의 변화를 살폈다.

So powerful was this connection that often pulled Thornton's gaze.
이런 강력한 연결은 종종 쏜튼의 시선을 끌었다.

He met Buck's eyes with no words, love shining clearly through.
그는 아무 말 없이 벅의 눈을 마주쳤고, 그의 눈에는 사랑이 선명하게 빛났다.

For a long while after being saved, Buck never let Thornton out of sight.
구출된 후 오랫동안 벅은 쏜튼을 눈에서 떼지 않았습니다.

Whenever Thornton left the tent, Buck followed him closely outside.

쏜튼이 텐트를 나갈 때마다 벅은 그를 바짝 뒤따라 밖으로 나갔다.

All the harsh masters in the Northland had made Buck afraid to trust.
북쪽 땅의 가혹한 주인들은 모두 벅이 신뢰하기 어렵게 만들었습니다.

He feared no man could remain his master for more than a short time.
그는 누구도 짧은 시간 이상 자신의 주인으로 남을 수 없을 것이라고 두려워했습니다.

He feared John Thornton was going to vanish like Perrault and François.
그는 존 손튼이 페로와 프랑수아처럼 사라질 것을 두려워했습니다.

Even at night, the fear of losing him haunted Buck's restless sleep.
밤에도 그를 잃을지도 모른다는 두려움이 벅의 불안한 잠을 괴롭혔다.

When Buck woke, he crept out into the cold, and went to the tent.
벅이 깨어나자 그는 추위 속으로 기어나와 텐트로 갔다.

He listened carefully for the soft sound of breathing inside.
그는 안에서 들리는 부드러운 호흡음을 주의 깊게 들었다.

Despite Buck's deep love for John Thornton, the wild stayed alive.
벅이 존 손튼을 깊이 사랑했음에도 불구하고, 야생은 살아남았습니다.

That primitive instinct, awakened in the North, did not disappear.
북쪽에서 깨어난 그 원시적 본능은 사라지지 않았습니다.

Love brought devotion, loyalty, and the fire-side's warm bond.
사랑은 헌신과 충성, 그리고 벽난로 주변의 따뜻한 유대감을 가져다주었습니다.

But Buck also kept his wild instincts, sharp and ever alert.
하지만 벅은 또한 자신의 거친 본능을 날카롭게 유지하고 항상 경계했습니다.

He was not just a tamed pet from the soft lands of civilization.

그는 문명의 부드러운 땅에서 길들여진 애완동물일 뿐이 아니었습니다.

Buck was a wild being who had come in to sit by Thornton's fire.

벅은 쏜튼의 불 옆에 앉아 있던 야생적인 존재였습니다.

He looked like a Southland dog, but wildness lived within him.

그는 사우스랜드의 개처럼 보였지만, 그의 내면에는 야성이 깃들어 있었습니다.

His love for Thornton was too great to allow theft from the man.

그는 쏜튼을 너무나 사랑했기 때문에 그에게서 물건을 훔치는 것을 허용할 수 없었습니다.

But in any other camp, he would steal boldly and without pause.

하지만 다른 진영이었다면 그는 주저하지 않고 과감하게 도둑질을 했을 것입니다.

He was so clever in stealing that no one could catch or accuse him.

그는 도둑질에 너무나 능숙해서 아무도 그를 잡거나 고발할 수 없었습니다.

His face and body were covered in scars from many past fights.

그의 얼굴과 몸은 과거의 수많은 싸움으로 인한 상처로 뒤덮여 있었습니다.

Buck still fought fiercely, but now he fought with more cunning.

벅은 여전히 사납게 싸웠지만, 이제는 더욱 교활하게 싸웠다.

Skeet and Nig were too gentle to fight, and they were Thornton's.

스키트와 니그는 싸우기에는 너무 온순했고, 그들은 쏜튼의 것이었다.

But any strange dog, no matter how strong or brave, gave way.

하지만 낯선 개는 아무리 강하고 용감하더라도 항복했습니다.

Otherwise, the dog found itself battling Buck; fighting for its life.

그렇지 않으면, 그 개는 벅과 싸우게 되고, 자신의 생명을 위해 싸우게 됩니다.

Buck had no mercy once he chose to fight against another dog.

벅은 다른 개와 싸우기로 결정하자 더 이상 자비를 베풀지 않았습니다.

He had learned well the law of club and fang in the Northland.

그는 북쪽 땅에서 곤봉과 송곳니의 법칙을 잘 배웠습니다.

He never gave up an advantage and never backed away from battle.

그는 결코 이점을 포기하지 않았고, 결코 전투에서 물러나지 않았습니다.

He had studied Spitz and the fiercest dogs of mail and police.

그는 스피츠와 우편 및 경찰에 투입된 가장 사나운 개들에 대해 연구했습니다.

He knew clearly there was no middle ground in wild combat.

그는 격렬한 전투에서는 중간지대가 없다는 것을 분명히 알고 있었습니다.

He must rule or be ruled; showing mercy meant showing weakness.

그는 통치해야 하고 그렇지 않으면 통치를 받아야 한다. 자비를 베푸는 것은 약함을 베푸는 것을 의미한다.

Mercy was unknown in the raw and brutal world of survival.

생존의 잔혹하고 거친 세상에서 자비는 알려지지 않았습니다.

To show mercy was seen as fear, and fear led quickly to death.

자비를 베푸는 것은 두려움으로 여겨졌고, 두려움은 곧 죽음으로 이어졌습니다.

The old law was simple: kill or be killed, eat or be eaten.

옛날의 법은 간단했습니다. 죽이거나 죽임을 당하고, 먹거나 먹혀라.

That law came from the depths of time, and Buck followed it fully.
그 법칙은 시간의 깊은 곳에서 나왔고, 벅은 그것을 온전히 따랐습니다.

Buck was older than his years and the number of breaths he took.
벅은 그의 나이보다, 그리고 그가 숨쉬는 횟수보다 더 많았습니다.

He connected the ancient past with the present moment clearly.
그는 고대의 과거와 현재를 명확하게 연결했습니다.

The deep rhythms of the ages moved through him like the tides.
시대의 깊은 리듬이 조수처럼 그의 몸을 스쳐 지나갔다.

Time pulsed in his blood as surely as seasons moved the earth.
그의 피 속에서 시간은 마치 계절이 지구를 움직이는 것처럼 확실하게 뛰었습니다.

He sat by Thornton's fire, strong-chested and white-fanged.
그는 쏜튼의 불 옆에 앉아 있었는데, 튼튼한 가슴과 하얀 송곳니를 가지고 있었습니다.

His long fur waved, but behind him the spirits of wild dogs watched.
그의 긴 털이 흔들렸지만, 그의 뒤에서 야생 개들의 영혼이 지켜보고 있었습니다.

Half-wolves and full wolves stirred within his heart and senses.
그의 마음과 감각 속에서 반늑대와 온전한 늑대가 꿈틀거렸다.

They tasted his meat and drank the same water that he did.
그들은 그의 고기를 맛보았고, 그가 마셨던 것과 같은 물을 마셨습니다.

They sniffed the wind alongside him and listened to the forest.
그들은 그 옆에서 바람을 맡고 숲의 소리에 귀를 기울였다.

They whispered the meanings of the wild sounds in the darkness.
그들은 어둠 속에서 거친 소리의 의미를 속삭였다.

They shaped his moods and guided each of his quiet
reactions.
그들은 그의 기분을 형성하고 그의 조용한 반응을
이끌었습니다.

They lay with him as he slept and became part of his deep
dreams.
그들은 그가 잠들었을 때 그와 함께 누워 그의 깊은 꿈의
일부가 되었습니다.

They dreamed with him, beyond him, and made up his very
spirit.
그들은 그와 함께, 그를 넘어 꿈을 꾸었고, 그의 정신을
만들어냈습니다.

The spirits of the wild called so strongly that Buck felt
pulled.
야생의 정령들이 너무나 강하게 불러서 벅은 끌리는 것을
느꼈다.

Each day, mankind and its claims grew weaker in Buck's
heart.
벅의 마음속에서 인류와 그들의 주장은 날이 갈수록
약해졌습니다.

Deep in the forest, a strange and thrilling call was going to
rise.
숲 속 깊은 곳에서 이상하고도 신나는 부름이 울려
퍼졌습니다.

Every time he heard the call, Buck felt an urge he could not
resist.
그 부름을 들을 때마다 벅은 저항할 수 없는 충동을 느꼈다.

He was going to turn from the fire and from the beaten
human paths.
그는 불과 인간의 낡은 길에서 돌아서려고 했습니다.

He was going to plunge into the forest, going forward
without knowing why.
그는 왜인지도 모른 채 숲 속으로 뛰어들려고 했습니다.

He did not question this pull, for the call was deep and
powerful.
그는 이러한 끌림을 의심하지 않았습니다. 왜냐하면 그 부름은
깊고 강력했기 때문입니다.

Often, he reached the green shade and soft untouched earth

그는 종종 푸른 그늘과 부드럽고 손길이 닿지 않은 땅에 도달했습니다.

But then the strong love for John Thornton pulled him back to the fire.

하지만 존 손튼에 대한 강한 사랑이 그를 다시 불 속으로 끌어들였습니다.

Only John Thornton truly held Buck's wild heart in his grasp.

오직 존 손튼만이 벅의 거친 마음을 진정으로 붙잡고 있었습니다.

The rest of mankind had no lasting value or meaning to Buck.

나머지 인류는 벅에게 지속적인 가치나 의미가 없었습니다.

Strangers might praise him or stroke his fur with friendly hands.

낯선 사람들이 그를 칭찬하거나 친절한 손으로 그의 털을 쓰다듬을 수도 있습니다.

Buck remained unmoved and walked off from too much affection.

벅은 아무런 감정도 느끼지 못하고 너무 많은 애정에 휩쓸려 떠났다.

Hans and Pete arrived with the raft that had long been awaited

한스와 피트는 오랫동안 기다려온 뗏목을 가지고 도착했습니다.

Buck ignored them until he learned they were close to Thornton.

벅은 쏜튼과 가까워졌다는 것을 알 때까지 그들을 무시했습니다.

After that, he tolerated them, but never showed them full warmth.

그 후로 그는 그들을 참아주긴 했지만 결코 온전한 따뜻함을 보여주지는 않았습니다.

He took food or kindness from them as if doing them a favor.

그는 마치 그들에게 은혜를 베푸는 것처럼 그들에게서 음식이나 친절을 받았습니다.

They were like Thornton—simple, honest, and clear in thought.

그들은 쏜튼과 같았습니다. 단순하고, 정직하고, 생각이 명확했습니다.

All together they traveled to Dawson's saw-mill and the great eddy

그들은 모두 함께 Dawson의 제재소와 큰 소용돌이로 여행했습니다.

On their journey the learned to understand Buck's nature deeply.

그들은 여행을 하면서 벅의 본성을 깊이 이해하는 법을 배웠습니다.

They did not try to grow close like Skeet and Nig had done.

그들은 스키트와 니그처럼 친해지려고 노력하지 않았습니다.

But Buck's love for John Thornton only deepened over time.

하지만 벅의 존 손튼에 대한 사랑은 시간이 지날수록 더욱 깊어졌습니다.

Only Thornton could place a pack on Buck's back in the summer.

여름에 벅의 등에 짐을 실어줄 수 있는 사람은 손튼뿐이었다.

Whatever Thornton commanded, Buck was willing to do fully.

벅은 손튼이 명령한 것은 무엇이든 온전히 수행할 의지가 있었습니다.

One day, after they left Dawson for the headwaters of the Tanana,

어느 날, 그들이 도슨을 떠나 타나나 강 상류로 향했을 때,

the group sat on a cliff that dropped three feet to bare bedrock.

그 무리는 3피트나 되는 절벽 위에 앉아 있었는데, 그 절벽은 맨 바위로 되어 있었습니다.

John Thornton sat near the edge, and Buck rested beside him.

존 손튼은 가장자리에 앉았고, 벅은 그의 옆에서 쉬었다.

Thornton had a sudden thought and called the men's attention.

쏜튼은 갑자기 생각이 떠올라 남자들의 주의를 끌었다.

He pointed across the chasm and gave Buck a single command.

그는 틈새 너머를 가리키며 벅에게 단 하나의 명령을 내렸다.

"Jump, Buck!" he said, swinging his arm out over the drop.

"뛰어, 벅!" 그는 팔을 휘두르며 말했다.

In a moment, he had to grab Buck, who was leaping to obey.

그는 그 순간, 복종하려고 뛰어오는 벅을 붙잡아야 했습니다.

Hans and Pete rushed forward and pulled both back to safety.

한스와 피트는 앞으로 달려가 두 사람을 안전한 곳으로 끌어당겼다.

After all ended, and they had caught their breath, Pete spoke up.

모든 것이 끝나고, 그들이 숨을 돌린 후, 피트가 입을 열었습니다.

"The love's uncanny," he said, shaken by the dog's fierce devotion.

그는 개의 강렬한 헌신에 흔들리며 "사랑이 묘하네요."라고 말했다.

Thornton shook his head and replied with calm seriousness.

쏜튼은 고개를 저으며 차분하고 진지하게 대답했다.

"No, the love is splendid," he said, **"but also terrible."**

"아니요, 사랑은 훌륭해요." 그가 말했다. "하지만 끔찍하기도 해요."

"Sometimes, I must admit, this kind of love makes me afraid."

"가끔은, 이런 종류의 사랑이 나를 두렵게 만든다는 걸 인정해야겠어요."

Pete nodded and said, "I'd hate to be the man who touches you."

피트는 고개를 끄덕이며 말했다. "당신을 만지는 남자가 되고 싶지는 않아요."

He looked at Buck as he spoke, serious and full of respect.

그는 벅을 바라보며 진지하고 존경심 가득한 어조로 말했다.

"Py Jingo!" said Hans quickly. **"Me either, no sir."**

"파이 징고!" 한스가 재빨리 말했다. "저도요, 안 돼요."

Before the year ended, Pete's fears came true at Circle City.

그 해가 끝나기 전, 피트의 두려움은 서클 시티에서 현실이
되었습니다.

A cruel man named Black Burton picked a fight in the bar.
블랙 버튼이라는 잔인한 남자가 술집에서 싸움을 걸었습니다.

**He was angry and malicious, lashing out at a new
tenderfoot.**
그는 화가 나서 악의를 품고 새로 온 신입생을 향해
덤벼들었다.

John Thornton stepped in, calm and good-natured as always.
존 손튼은 언제나처럼 차분하고 상냥한 태도로 나섰습니다.

Buck lay in a corner, head down, watching Thornton closely.
벅은 구석에 누워서 머리를 숙인 채 쏜튼을 유심히 지켜보고
있었다.

**Burton suddenly struck, his punch sending Thornton
spinning.**
버튼이 갑자기 주먹을 날렸고, 그의 주먹에 쏜튼이 회전했다.

**Only the bar's rail kept him from crashing hard to the
ground.**
그가 바닥에 세게 떨어지는 것을 막아준 것은 바의
난간뿐이었다.

The watchers heard a sound that was not bark or yelp
감시자들은 짖는 소리나 울부짖는 소리가 아닌 소리를
들었습니다.

a deep roar came from Buck as he launched toward the man.
벅은 그 남자를 향해 달려들면서 깊은 포효를 터뜨렸다.

Burton threw his arm up and barely saved his own life.
버튼은 팔을 들어올려 간신히 자신의 목숨을 구했습니다.

Buck crashed into him, knocking him flat onto the floor.
벅이 그에게 부딪히면서 그는 바닥에 쓰러졌습니다.

Buck bit deep into the man's arm, then lunged for the throat.
벅은 남자의 팔을 깊이 물고, 목을 노렸다.

Burton could only partly block, and his neck was torn open.
버튼은 반쯤만 막을 수 있었고 그의 목은 찢어졌습니다.

**Men rushed in, clubs raised, and drove Buck off the
bleeding man.**
남자들이 달려들어 곤봉을 들고 벅을 피 흘리는 남자에게서
쫓아냈다.

A surgeon worked quickly to stop the blood from flowing out.
외과의사는 재빨리 수술을 해서 피가 흐르는 것을 막았습니다.

Buck paced and growled, trying to attack again and again.
벅은 왔다 갔다 하며 으르렁거리며 계속해서 공격하려고 했습니다.

Only swinging clubs kept him back from reaching Burton.
버튼에게 다가가려는 그를 막은 것은 오직 휘두르는 곤봉뿐이었다.

A miners' meeting was called and held right there on the spot.
그 자리에서 광부 회의가 소집되어 개최되었습니다.

They agreed Buck had been provoked and voted to set him free.
그들은 벅이 도발을 받았다는 데 동의하고 그를 석방하기로 투표했습니다.

But Buck's fierce name now echoed in every camp in Alaska.
하지만 벅의 사나운 이름은 이제 알래스카의 모든 캠프에 울려 퍼졌습니다.

Later that fall, Buck saved Thornton again in a new way.
그해 가을에 벅은 새로운 방법으로 다시 한번 손튼을 구했습니다.

The three men were guiding a long boat down rough rapids.
세 남자는 거친 급류 속으로 긴 배를 몰고 가고 있었습니다.

Thornton maned the boat, calling directions to the shoreline.
쏜튼은 배를 조종하며 해안선으로 가는 길을 외쳤다.

Hans and Pete ran on land, holding a rope from tree to tree.
한스와 피트는 나무에서 나무로 밧줄을 잡고 땅으로 달려갔다.

Buck kept pace on the bank, always watching his master.
벅은 강둑에서 늘 주인을 지켜보며 속도를 유지했습니다.

At one nasty place, rocks jutted out under the fast water.
한 군데에서는 물살이 빠른데 바위가 튀어나와 있었습니다.

Hans let go of the rope, and Thornton steered the boat wide.
한스는 밧줄을 놓았고, 손튼은 배를 크게 틀었다.

Hans sprinted to catch the boat again past the dangerous rocks.
한스는 위험한 바위를 지나 다시 배를 잡기 위해 달려갔다.

The boat cleared the ledge but hit a stronger part of the current.

배는 난간을 넘었지만 더 강한 흐름에 부딪혔습니다.

Hans grabbed the rope too quickly and pulled the boat off balance.

한스는 밧줄을 너무 빨리 잡아 배의 균형을 잃었습니다.

The boat flipped over and slammed into the bank, bottom up.

배가 뒤집혀 바닥이 위로 향한 채 강둑에 부딪혔습니다.

Thornton was thrown out and swept into the wildest part of the water.

쏜튼은 밖으로 튕겨져 나가 물속의 가장 거친 곳으로 휩쓸려갔다.

No swimmer could have survived in those deadly, racing waters.

그 위험하고 격렬한 물살 속에서는 어떤 수영자도 살아남을 수 없었을 것입니다.

Buck jumped in instantly and chased his master down the river.

벅은 즉시 뛰어들어 강 아래로 주인을 쫓아갔다.

After three hundred yards, he reached Thornton at last.

300야드를 달린 후, 그는 마침내 손튼에 도착했습니다.

Thornton grabbed Buck's tail, and Buck turned for the shore.

쏜튼은 벅의 꼬리를 잡았고, 벅은 해안으로 돌아섰습니다.

He swam with full strength, fighting the water's wild drag.

그는 물의 격렬한 저항에 맞서며 온 힘을 다해 수영했습니다.

They moved downstream faster than they could reach the shore.

그들은 해안에 도달하는 것보다 더 빠른 속도로 하류로 이동했습니다.

Ahead, the river roared louder as it fell into deadly rapids.

앞에서 강물은 치명적인 급류로 떨어지면서 더욱 큰 소리를 냈습니다.

Rocks sliced through the water like the teeth of a huge comb.

바위들이 거대한 빗살처럼 물을 가르며 나 있었다.

The pull of the water near the drop was savage and inescapable.

물방울이 떨어지는 곳 근처의 물의 힘은 사납고 벗어날 수 없었습니다.

Thornton knew they could never make the shore in time.

쏜튼은 그들이 결코 제시간에 해안에 도착할 수 없다는 것을 알고 있었습니다.

He scraped over one rock, smashed across a second,

그는 한 바위를 긁어 넘고, 두 번째 바위를 부수었습니다.

And then he crashed into a third rock, grabbing it with both hands.

그리고 그는 세 번째 바위에 부딪혀 두 손으로 그것을 붙잡았습니다.

He let go of Buck and shouted over the roar, "Go, Buck! Go!"

그는 벅을 놓아주고 포효하는 소리 위로 소리쳤다. "가, 벅! 가!"

Buck could not stay afloat and was swept down by the current.

벅은 떠 있을 수 없었고 해류에 휩쓸려 떠내려갔습니다.

He fought hard, struggling to turn, but made no headway at all.

그는 힘겹게 몸을 돌려 방향을 바꾸려고 했지만 전혀 진전이 없었습니다.

Then he heard Thornton repeat the command over the river's roar.

그러자 그는 강물의 울림 속에서 쏜튼이 명령을 반복하는 것을 들었습니다.

Buck reared out of the water, raised his head as if for a last look.

벅은 물에서 몸을 내밀고, 마지막으로 한 번 더 바라보려는 듯 고개를 들었다.

then turned and obeyed, swimming toward the bank with resolve.

그러고 나서 돌아서서 순종하며 단호하게 강둑을 향해 헤엄쳐갔다.

Pete and Hans pulled him ashore at the final possible moment.

피트와 한스는 마지막 순간에 그를 해안으로 끌어올렸습니다.

They knew Thornton could cling to the rock for only minutes more.
그들은 쏜튼이 바위에 매달려 있을 수 있는 시간이 몇 분밖에 되지 않는다는 걸 알고 있었습니다.

They ran up the bank to a spot far above where he was hanging.
그들은 그가 매달려 있는 곳보다 훨씬 위쪽의 지점까지 강둑을 따라 올라갔습니다.

They tied the boat's line to Buck's neck and shoulders carefully.
그들은 보트의 줄을 벅의 목과 어깨에 조심스럽게 묶었습니다.

The rope was snug but loose enough for breathing and movement.
밧줄은 꼭 맞지만 숨쉬고 움직이기에는 충분히 느슨했습니다.

Then they launched him into the rushing, deadly river again.
그들은 그를 다시 급류에 휩쓸려 죽음의 강물에 던졌습니다.

Buck swam boldly but missed his angle into the stream's force.
벅은 대담하게 헤엄쳤지만 물살의 힘에 밀려 각도를 놓쳤다.

He saw too late that he was going to drift past Thornton.
그는 쏜튼을 지나쳐 흘러갈 것이라는 것을 너무 늦게 깨달았습니다.

Hans jerked the rope tight, as if Buck were a capsizing boat.
한스는 마치 벅이 전복하는 배인 것처럼 밧줄을 팽팽하게 당겼다.

The current pulled him under, and he vanished below the surface.
물살이 그를 끌어당겼고, 그는 수면 아래로 사라졌습니다.

His body struck the bank before Hans and Pete pulled him out.
한스와 피트가 그를 끌어내기 전에 그의 몸은 강둑에 부딪혔습니다.

He was half-drowned, and they pounded the water out of him.
그는 반쯤 물에 빠져 죽었고, 그들은 그에게서 물을 뿜어냈습니다.

Buck stood, staggered, and collapsed again onto the ground.

벅은 일어서서 비틀거리다가 다시 땅바닥에 쓰러졌습니다.

Then they heard Thornton's voice faintly carried by the wind.

그때 그들은 바람에 실려오는 쏜튼의 목소리를 들었다.

Though the words were unclear, they knew he was near death.

말은 분명하지 않았지만, 그들은 그가 죽음이 다가왔다는 것을 알고 있었습니다.

The sound of Thornton's voice hit Buck like an electric jolt.

쏜튼의 목소리가 전기 충격처럼 벅을 강타했다.

He jumped up and ran up the bank, returning to the launch point.

그는 뛰어올라 강둑을 따라 달려 출발 지점으로 돌아왔습니다.

Again they tied the rope to Buck, and again he entered the stream.

그들은 다시 밧줄을 벅에게 묶었고, 그는 다시 개울로 들어갔다.

This time, he swam directly and firmly into the rushing water.

이번에는 그는 똑바로 그리고 힘차게 흐르는 물속으로 헤엄쳐 들어갔다.

Hans let out the rope steadily while Pete kept it from tangling.

한스는 밧줄이 엉키지 않도록 잡고 있는 동안 꾸준히 밧줄을 풀었다.

Buck swam hard until he was lined up just above Thornton.

벅은 쏜튼 바로 위에 위치할 때까지 열심히 헤엄쳤다.

Then he turned and charged down like a train in full speed.

그러고 나서 그는 돌아서서 마치 전속력으로 달리는 기차처럼 달려내려갔다.

Thornton saw him coming, braced, and locked arms around his neck.

쏜튼은 그가 오는 것을 보고 몸을 굳히고 그의 목에 팔을 둘렀다.

Hans tied the rope fast around a tree as both were pulled under.

한스는 둘 다 나무 밑으로 끌려가자 밧줄을 나무에 단단히 묶었다.

They tumbled underwater, smashing into rocks and river debris.

그들은 물속으로 떨어지면서 바위와 강 잔해물에 부딪혔습니다.

One moment Buck was on top, the next Thornton rose gasping.

어느 순간 벅이 위에 있었는데, 다음 순간 쏜튼이 휠떡이며 일어섰습니다.

Battered and choking, they veered to the bank and safety.

그들은 폭행을 당하고 질식해서 강둑과 안전한 곳으로 향했습니다.

Thornton regained consciousness, lying across a drift log.

쏜튼은 표류물 위에 누워서 의식을 되찾았습니다.

Hans and Pete worked him hard to bring back breath and life.

한스와 피트는 그가 다시 숨쉬고 살아갈 수 있도록 열심히 노력했습니다.

His first thought was for Buck, who lay motionless and limp.

그의 첫 번째 생각은 움직이지 않고 힘없이 누워 있는 벅에 대한 것이었습니다.

Nig howled over Buck's body, and Skeet licked his face gently.

니그는 벅의 몸 위로 울부짖었고, 스키트는 그의 얼굴을 부드럽게 핥았습니다.

Thornton, sore and bruised, examined Buck with careful hands.

손튼은 상처와 멍이 난 채로 벅을 조심스럽게 살펴보았다.

He found three ribs broken, but no deadly wounds in the dog.

그는 개에게서 갈비뼈 세 개가 부러진 것을 발견했지만 치명적인 상처는 발견하지 못했습니다.

"That settles it," Thornton said. "We camp here." And they did.

"그럼 됐지." 손튼이 말했다. "우린 여기서 캠핑을 하죠." 그리고 그들은 그렇게 했다.

They stayed until Buck's ribs healed and he could walk again.

그들은 벅의 갈비뼈가 아물고 그가 다시 걸을 수 있을 때까지 머물렀습니다.

That winter, Buck performed a feat that raised his fame further.
그 겨울, 벅은 자신의 명성을 더욱 높이는 업적을 이루었습니다.

It was less heroic than saving Thornton, but just as impressive.
쏜튼을 구한 것만큼 영웅적이지는 않았지만, 마찬가지로 인상적이었습니다.

At Dawson, the partners needed supplies for a distant journey.
도슨의 파트너들은 먼 여행을 위한 물품이 필요했습니다.

They wanted to travel East, into untouched wilderness lands.
그들은 동쪽, 손길이 닿지 않은 자연 그대로의 땅으로 여행하고 싶어했습니다.

Buck's deed in the Eldorado Saloon made that trip possible.
엘도라도 살롱에 있는 벅의 증서 덕분에 그 여행이 가능해졌습니다.

It began with men bragging about their dogs over drinks.
그것은 남자들이 술을 마시며 자기 개에 대해 자랑하는 것에서 시작되었습니다.

Buck's fame made him the target of challenges and doubt.
벅의 명성은 그를 도전과 의심의 표적으로 만들었다.

Thornton, proud and calm, stood firm in defending Buck's name.
쏜튼은 당당하고 침착하게 벅의 이름을 수호하는 데 굳건히 섰습니다.

One man said his dog could pull five hundred pounds with ease.
한 남자는 자신의 개가 500파운드를 쉽게 끌 수 있다고 말했습니다.

Another said six hundred, and a third bragged seven hundred.
또 다른 사람은 600이라고 말했고, 세 번째 사람은 700이라고 자랑했습니다.

"Pfft!" said John Thornton, "Buck can pull a thousand pound sled."

"푸우!" 존 손튼이 말했다. "벅은 1,000파운드짜리 썰매를 끌 수 있어."

Matthewson, a Bonanza King, leaned forward and challenged him.

보난자 킹인 매튜슨이 앞으로 몸을 기울여 그에게 도전했습니다.

"You think he can put that much weight into motion?"

"그가 그렇게 많은 힘을 행사할 수 있다고 생각하세요?"

"And you think he can pull the weight a full hundred yards?"

"그가 그 무게를 100야드나 끌 수 있다고 생각하세요?"

Thornton replied coolly, "Yes. Buck is dog enough to do it."

쏜튼이 차갑게 대답했다. "그래. 벅은 그럴 만큼 강인해."

"He'll put a thousand pounds into motion, and pull it a hundred yards."

"그는 1,000파운드의 힘을 움직여 100야드까지 끌어올릴 수 있어요."

Matthewson smiled slowly and made sure all men heard his words.

매튜슨은 천천히 미소를 지으며 모든 남자들이 자신의 말을 듣도록 했다.

"I've got a thousand dollars that says he can't. There it is."

"그가 못 간다고 적힌 천 달러가 있어요. 여기 있어요."

He slammed a sack of gold dust the size of sausage on the bar.

그는 소시지 크기의 금가루 자루를 바 위에 내던졌다.

Nobody said a word. The silence grew heavy and tense around them.

아무도 아무 말도 하지 않았다. 그들 주변의 침묵은 점점 무겁고 긴장되었다.

Thornton's bluff—if it was one—had been taken seriously.

쏜튼의 허세는—만약 그것이 허세였다면—심각하게 받아들여졌습니다.

He felt heat rise in his face as blood rushed to his cheeks.

그는 얼굴이 뜨거워지는 것을 느꼈고, 피가 뺨으로 몰려왔다.

His tongue had gotten ahead of his reason in that moment.

그 순간 그의 혀가 이성보다 앞서 나갔다.

He truly didn't know if Buck could move a thousand pounds.

그는 벅이 1,000파운드를 옮길 수 있을지 정말로 몰랐다.

Half a ton! The size of it alone made his heart feel heavy.

반 톤이나 되는 무게! 그 크기만으로도 가슴이 무거워졌다.

He had faith in Buck's strength and had thought him capable.

그는 벅의 힘을 믿었고 그가 유능하다고 생각했습니다.

But he had never faced this kind of challenge, not like this.

하지만 그는 이런 종류의 도전에 직면한 적이 없었습니다.

A dozen men watched him quietly, waiting to see what he'd do.

12명의 남자가 그를 조용히 지켜보며 그가 무엇을 할지 지켜보고 있었습니다.

He didn't have the money—neither did Hans or Pete.

그는 돈이 없었습니다. 한스나 피트도 마찬가지였습니다.

"I've got a sled outside," said Matthewson coldly and direct.

매튜슨은 차갑고 직설적으로 "밖에 썰매가 있어요"라고 말했다.

"It's loaded with twenty sacks, fifty pounds each, all flour.

"그 안에는 밀가루로 만든 자루가 20개 들어 있어요. 자루당 무게가 50파운드예요.

So don't let a missing sled be your excuse now," he added.

그는 "그러니 지금 썰매가 없어졌다는 것을 변명으로 삼지 마세요"라고 덧붙였다.

Thornton stood silent. He didn't know what words to offer.

손튼은 아무 말도 하지 않았다. 무슨 말을 해야 할지 알 수 없었다.

He looked around at the faces without seeing them clearly.

그는 주위를 둘러보았지만 얼굴들이 뚜렷이 보이지 않았다.

He looked like a man frozen in thought, trying to restart.

그는 생각에 잠겨 다시 시작하려고 하는 사람처럼 보였다.

Then he saw Jim O'Brien, a friend from the Mastodon days.

그러다가 그는 마스토돈 시절 친구인 짐 오브라이언을 만났습니다.

That familiar face gave him courage he didn't know he had.

그 친숙한 얼굴은 그에게 자신이 가지고 있다는 것을 몰랐던 용기를 주었습니다.

He turned and asked in a low voice, "Can you lend me a thousand?"

그는 돌아서서 작은 목소리로 "천 달러만 빌려줄 수 있나요?"라고 물었습니다.

"Sure," said O'Brien, dropping a heavy sack by the gold already.

"물론이죠." 오브라이언이 말하며 금화가 든 무거운 자루를 떨어뜨렸다.

"But truthfully, John, I don't believe the beast can do this."

"하지만 솔직히 말해서, 존, 나는 그 짐승이 이런 일을 할 수 있다고 믿지 않아."

Everyone in the Eldorado Saloon rushed outside to see the event.

엘도라도 살롱에 있던 모든 사람들이 그 행사를 보기 위해 달려 나갔습니다.

They left tables and drinks, and even the games were paused.

그들은 테이블과 음료를 남겨두고 떠났고, 심지어 게임도 중단되었습니다.

Dealers and gamblers came to witness the bold wager's end.

딜러와 도박꾼들은 대담한 내기의 끝을 지켜보러 왔습니다.

Hundreds gathered around the sled in the icy open street.

수백 명의 사람들이 얼음으로 뒤덮인 거리의 썰매 주위에 모였습니다.

Matthewson's sled stood with a full load of flour sacks.

매튜슨의 썰매에는 밀가루 자루가 가득 실려 있었습니다.

The sled had been sitting for hours in minus temperatures.

썰매는 영하의 기온 속에 몇 시간 동안 놓여 있었습니다.

The sled's runners were frozen tight to the packed-down snow.

썰매의 바퀴는 굳어버린 눈에 꼭 붙어 있었습니다.

Men offered two-to-one odds that Buck could not move the sled.

남자들은 벅이 썰매를 움직일 수 없을 것이라는 배당률을 두 대 1로 제시했습니다.

A dispute broke out about what "break out" really meant.

"브레이크 아웃"이 실제로 무엇을 의미하는지에 대한 논쟁이 벌어졌습니다.

O'Brien said Thornton should loosen the sled's frozen base.
오브라이언은 쏜튼이 썰매의 얼어붙은 바닥을 풀어야 한다고 말했다.

Buck could then "break out" from a solid, motionless start.
그러면 벅은 흔들리지 않고 안정적으로 출발하여 "탈출"할 수 있었습니다.

Matthewson argued the dog must break the runners free too.
매튜슨은 개가 주자들을 자유롭게 풀어줘야 한다고 주장했다.

The men who had heard the bet agreed with Matthewson's view.
내기를 들은 사람들은 매튜슨의 의견에 동의했습니다.

With that ruling, the odds jumped to three-to-one against Buck.
그 판결로 벅에게 유리한 배당률은 3 대 1로 높아졌습니다.

No one stepped forward to take the growing three-to-one odds.
점점 커지는 3대 1의 확률에 맞서기 위해 나서는 사람은 아무도 없었다.

Not a single man believed Buck could perform the great feat.
버크가 그 위대한 업적을 이룰 수 있다고 믿는 사람은 단 한 명도 없었다.

Thornton had been rushed into the bet, heavy with doubts.
쏜튼은 의심에 사로잡혀 서둘러 내기를 걸었다.

Now he looked at the sled and the ten-dog team beside it.
이제 그는 썰매와 그 옆에 있는 열 마리의 개로 이루어진 팀을 바라보았습니다.

Seeing the reality of the task made it seem more impossible.
그 과제의 현실을 깨닫자 그것은 더욱 불가능해 보였다.

Matthewson was full of pride and confidence in that moment.
그 순간 매튜슨은 자부심과 자신감으로 가득 찼습니다.

"Three to one!" he shouted. "I'll bet another thousand, Thornton!
"3 대 1!" 그가 소리쳤다. "손튼, 1,000달러 더 걸겠어!"

What do you say?" he added, loud enough for all to hear.

"무슨 말씀이시죠?" 그는 모든 사람이 들을 수 있을 만큼 큰 소리로 덧붙였다.

Thornton's face showed his doubts, but his spirit had risen.
쏜튼의 얼굴에는 의심이 드러났지만, 그의 기운은 올라갔습니다.

That fighting spirit ignored odds and feared nothing at all.
그 투지는 역경을 무시했고 아무것도 두려워하지 않았습니다.

He called Hans and Pete to bring all their cash to the table.
그는 한스와 피트에게 전화해서 그들이 가지고 있는 현금을 모두 가져오라고 했습니다.

They had little left—only two hundred dollars combined.
그들에게 남은 것은 거의 없었습니다. 모두 합쳐 200달러뿐이었습니다.

This small sum was their total fortune during hard times.
이 소액은 힘든 시기에 그들이 가진 모든 재산이었습니다.

Still, they laid all of the fortune down against Matthewson's bet.
그럼에도 불구하고 그들은 매튜슨의 베팅에 모든 재산을 걸었습니다.

The ten-dog team was unhitched and moved away from the sled.
10마리의 개로 이루어진 팀은 썰매에서 떨어져 나와 멀어졌습니다.

Buck was placed in the reins, wearing his familiar harness.
벅은 익숙한 하네스를 착용하고 고삐를 잡았다.

He had caught the energy of the crowd and felt the tension.
그는 군중의 에너지를 느꼈고 긴장감을 느꼈습니다.

Somehow, he knew he had to do something for John Thornton.
그는 어떻게든 존 손튼을 위해 뭔가를 해야 한다는 걸 알았습니다.

People murmured with admiration at the dog's proud figure.
사람들은 개의 당당한 모습에 감탄하며 중얼거렸다.

He was lean and strong, without a single extra ounce of flesh.
그는 살이 한 톨도 찌지 않은, 마른 몸과 강한 몸매를 가지고 있었습니다.

His full weight of hundred fifty pounds was all power and endurance.

그의 전체 체중 150파운드는 모두 힘과 지구력이었습니다.

Buck's coat gleamed like silk, thick with health and strength.

벅의 코트는 실크처럼 빛났고, 건강과 힘이 두껍게 깃들어 있었다.

The fur along his neck and shoulders seemed to lift and bristle.

그의 목과 어깨의 털이 들어올려지고 뻣뻣해지는 것 같았다.

His mane moved slightly, each hair alive with his great energy.

그의 갈기가 살짝 움직였고, 머리카락 하나하나가 그의 강렬한 에너지로 살아 있었습니다.

His broad chest and strong legs matched his heavy, tough frame.

그의 넓은 가슴과 튼튼한 다리는 그의 무겁고 강인한 몸매와 잘 어울렸습니다.

Muscles rippled under his coat, tight and firm as bound iron.

그의 코트 아래에서는 근육이 꿈틀거리며, 쇠로 묶인 것처럼 팽팽하고 단단했다.

Men touched him and swore he was built like a steel machine.

남자들은 그를 만지며 그가 강철 기계처럼 생겼다고 맹세했습니다.

The odds dropped slightly to two to one against the great dog.

그 위대한 개에 대한 승산 확률은 약간 떨어져 2 대 1이 되었습니다.

A man from the Skookum Benches pushed forward, stuttering.

스쿠컴 벤치에 앉아 있던 한 남자가 더듬거리며 앞으로 나아갔다.

"Good, sir! I offer eight hundred for him — before the test, sir!"

"좋습니다, 선생님! 시험 전에 800달러를 제안합니다, 선생님!"

"Eight hundred, as he stands right now!" the man insisted.
"지금 기준으로 800명이에요!" 그 남자가 주장했다.

Thornton stepped forward, smiled, and shook his head calmly.
쏜튼은 앞으로 나서서 미소를 지으며 차분하게 고개를 저었다.

Matthewson quickly stepped in with a warning voice and frown.
매튜슨은 재빨리 경고하는 목소리와 눈살을 찌푸리며 나섰다.

"You must step away from him," he said. "Give him space."
"그에게서 물러나야 합니다." 그가 말했다. "그에게 공간을 주세요."

The crowd grew silent; only gamblers still offered two to one.
군중은 조용해졌다. 오직 도박꾼들만이 여전히 2대 1을 걸고 있었다.

Everyone admired Buck's build, but the load looked too great.
모두가 벅의 몸매에 감탄했지만, 무게가 너무 무거워 보였다.

Twenty sacks of flour—each fifty pounds in weight—seemed far too much.
밀가루 자루 20개(각 자루의 무게가 50파운드)는 너무 많은 것 같았습니다.

No one was willing to open their pouch and risk their money.
누구도 주머니를 열어 돈을 걸고 싶어하지 않았습니다.

Thornton knelt beside Buck and took his head in both hands.
쏜튼은 벅 옆에 무릎을 꿇고 두 손으로 그의 머리를 잡았다.

He pressed his cheek against Buck's and spoke into his ear.
그는 자신의 뺨을 벅의 뺨에 대고 그의 귀에 대고 말했다.

There was no playful shaking or whispered loving insults now.
이제는 장난스럽게 흔드는 일도, 속삭이는 애정 어린 모욕도 없었습니다.

He only murmured softly, "As much as you love me, Buck."
그는 단지 부드럽게 중얼거렸다. "당신이 나를 아무리 사랑하더라도, 벅."

Buck let out a quiet whine, his eagerness barely restrained.

벅은 조용히 신음하며 간신히 열망을 억눌렀다.

The onlookers watched with curiosity as tension filled the air.

구경꾼들은 긴장감이 공기 중에 가득 차는 것을 호기심 어린 눈으로 지켜보았습니다.

The moment felt almost unreal, like something beyond reason.

그 순간은 거의 비현실적으로 느껴졌고, 이성을 초월한 것 같은 느낌이었습니다.

When Thornton stood, Buck gently took his hand in his jaws.

쏜튼이 일어서자, 벅은 조심스럽게 그의 손을 턱에 쥐었다.

He pressed down with his teeth, then let go slowly and gently.

그는 이를 눌러 누른 다음 천천히 부드럽게 놓았다.

It was a silent answer of love, not spoken, but understood.

말로 표현한 것이 아니라 이해한 조용한 사랑의 대답이었습니다.

Thornton stepped well back from the dog and gave the signal.

쏜튼은 개에게서 멀리 떨어져서 신호를 보냈다.

"Now, Buck," he said, and Buck responded with focused calm.

"자, 벅," 그가 말했고, 벅은 집중된 침착함으로 대답했습니다.

Buck tightened the traces, then loosened them by a few inches.

벅은 흔적을 조였다가 다시 몇 인치 정도 느슨하게 했습니다.

This was the method he had learned; his way to break the sled.

이것이 그가 배운 방법이었습니다. 썰매를 부수는 방법이었습니다.

"Gee!" Thornton shouted, his voice sharp in the heavy silence.

"이런!" 쏜튼이 무거운 침묵 속에서 날카로운 목소리로 소리쳤다.

Buck turned to the right and lunged with all of his weight.

벅은 오른쪽으로 돌아서서 온몸의 무게를 실어 달려들었다.

The slack vanished, and Buck's full mass hit the tight traces.

느슨한 부분이 사라지고, 벽의 몸 전체가 단단한 줄에
부딪혔다.

**The sled trembled, and the runners made a crisp crackling
sound.**

썰매가 떨렸고, 주자들은 딱딱거리는 소리를 냈다.

**"Haw!" Thornton commanded, shifting Buck's direction
again.**

"하!" 쏜튼이 명령하며 벅의 방향을 다시 바꿨다.

Buck repeated the move, this time pulling sharply to the left.

벅은 다시 한번 움직임을 시도했고, 이번에는 왼쪽으로 급격히
방향을 틀었다.

The sled cracked louder, the runners snapping and shifting.

썰매는 더 큰 소리를 내며, 썰매의 주자들이 딱딱거리고
움직였다.

**The heavy load slid slightly sideways across the frozen
snow.**

무거운 짐이 얼어붙은 눈 위로 살짝 옆으로 미끄러졌습니다.

The sled had broken free from the grip of the icy trail!

썰매는 얼음길에서 벗어났습니다!

**Men held their breath, unaware they were not even
breathing.**

남자들은 자신이 숨을 쉬지 않는다는 사실조차 모른 채 숨을
참았습니다.

"Now, PULL!" Thornton cried out across the frozen silence.

"당겨!" 쏜튼이 얼어붙은 침묵 속에서 소리쳤다.

**Thornton's command rang out sharp, like the crack of a
whip.**

쏜튼의 명령은 채찍을 휘두르는 소리처럼 날카롭게 울려
퍼졌다.

Buck hurled himself forward with a fierce and jarring lunge.

벅은 사납고 충격적인 돌진으로 몸을 앞으로 던졌습니다.

His whole frame tensed and bunched for the massive strain.

그의 몸 전체가 엄청난 부담으로 긴장되고 뭉쳐졌습니다.

Muscles rippled under his fur like serpents coming alive.

그의 털 아래에서 근육이 꿈틀거리는 모습이 마치 살아
움직이는 뱀 같았다.

**His great chest was low, head stretched forward toward the
sled.**

그의 큰 가슴은 낮게 위치하고, 머리는 썰매를 향해 뻗어 있었습니다.

His paws moved like lightning, claws slicing the frozen ground.
그의 발은 번개처럼 움직였고, 발톱으로 얼어붙은 땅을 갈랐다.

Grooves were cut deep as he fought for every inch of traction.
그는 견인력을 한 인치라도 더 얻으려고 애쓰면서 홈을 깊게 파냈습니다.

The sled rocked, trembled, and began a slow, uneasy motion.
썰매는 흔들리고 떨리더니 느리고 불안하게 움직이기 시작했습니다.

One foot slipped, and a man in the crowd groaned aloud.
한 발이 미끄러지자 군중 속의 한 남자가 큰 소리로 신음했습니다.

Then the sled lunged forward in a jerking, rough movement.
그러자 썰매가 갑자기 거칠게 앞으로 움직였다.

It didn't stop again—half an inch...an inch...two inches more.
더 이상 멈추지 않았습니다. 반 인치... 한 인치... 두 인치 더.

The jerks became smaller as the sled began to gather speed.
썰매가 속도를 내면서 갑작스러운 움직임은 점점 줄어들었습니다.

Soon Buck was pulling with smooth, even, rolling power.
곧 벅은 부드럽고 고르게 굴러가는 힘으로 끌어당기기 시작했습니다.

Men gasped and finally remembered to breathe again.
남자들은 숨을 헐떡이며 마침내 다시 숨을 쉬는 법을 기억해냈습니다.

They had not noticed their breath had stopped in awe.
그들은 경외심에 숨이 멎는 줄도 몰랐다.

Thornton ran behind, calling out short, cheerful commands.
쏜튼은 짧고 쾌활한 명령을 외치며 뒤따라 달렸다.

Ahead was a stack of firewood that marked the distance.
앞에는 거리를 알려주는 장작더미가 놓여 있었습니다.

As Buck neared the pile, the cheering grew louder and louder.

벅이 더미에 가까워질수록 환호성은 점점 더 커졌습니다.

The cheering swelled into a roar as Buck passed the end point.

벅이 종착점을 지나자 환호성은 함성으로 커졌습니다.

Men jumped and shouted, even Matthewson broke into a grin.

남자들은 놀라서 소리쳤고, 매튜슨조차도 미소를 지었다.

Hats flew into the air, mittens were tossed without thought or aim.

모자가 공중으로 날아가고, 장갑이 생각이나 목적 없이 던져졌습니다.

Men grabbed each other and shook hands without knowing who.

누구인지도 모르는 남자들이 서로를 붙잡고 악수했다.

The whole crowd buzzed in wild, joyful celebration.

군중 전체가 열광적이고 즐거운 축하 분위기에 휩싸였다.

Thornton dropped to his knees beside Buck with trembling hands.

쏜튼은 떨리는 손으로 벅 옆에 무릎을 꿇었다.

He pressed his head to Buck's and shook him gently back and forth.

그는 자신의 머리를 벅의 머리에 가져다 대고 가볍게 앞뒤로 흔들었다.

Those who approached heard him curse the dog with quiet love.

다가간 사람들은 그가 조용한 사랑으로 개를 저주하는 것을 들었습니다.

He swore at Buck for a long time—softly, warmly, with emotion.

그는 오랫동안 벅을 향해 욕설을 퍼부었다. 부드럽고, 따뜻하게, 감정을 담아서.

"Good, sir! Good, sir!" cried the Skookum Bench king in a rush.

"좋아요, 선생님! 좋아, 선생님!" 스쿠컴 벤치의 왕이 황급히 소리쳤다.

"I'll give you a thousand—no, twelve hundred—for that dog, sir!"

"저 개 한 마리에 천 달러, 아니, 천이백 달러를 드리겠습니다, 선생님!"

Thornton rose slowly to his feet, his eyes shining with emotion.
쏜튼은 천천히 일어섰고, 그의 눈은 감정으로 빛났다.

Tears streamed openly down his cheeks without any shame.
그의 뺨에는 조금의 부끄러움도 없이 눈물이 줄줄 흘러내렸다.

"Sir," he said to the Skookum Bench king, steady and firm
그는 Skookum Bench의 왕에게 "선생님"이라고 말하며 꾸준하고 단호하게 말했습니다.

"No, sir. You can go to hell, sir. That's my final answer."
"아니요, 선생님. 지옥에나 가시죠, 선생님. 이게 제 마지막 대답입니다."

Buck grabbed Thornton's hand gently in his strong jaws.
벅은 튼튼한 턱으로 쏜튼의 손을 부드럽게 잡았다.

Thornton shook him playfully, their bond deep as ever.
쏜튼은 장난스럽게 그를 흔들었고, 두 사람의 유대감은 그 어느 때보다 깊었다.

The crowd, moved by the moment, stepped back in silence.
그 순간에 감동한 군중은 조용히 뒤로 물러섰다.

From then on, none dared interrupt such sacred affection.
그 이후로 그 누구도 감히 그 신성한 애정을 방해하지 못했습니다.

The Sound of the Call
부름의 소리

Buck had earned sixteen hundred dollars in five minutes.
벅은 5분 만에 1,600달러를 벌었습니다.

The money let John Thornton pay off some of his debts.
그 돈으로 존 손튼은 빚의 일부를 갚을 수 있었습니다.

With the rest of the money he headed East with his partners.
그는 남은 돈을 가지고 동료들과 함께 동쪽으로 향했습니다.

They sought a fabled lost mine, as old as the country itself.
그들은 그 나라만큼이나 오래된 전설 속 잃어버린 광산을
찾았습니다.

Many men had looked for the mine, but few had ever found
it.
많은 사람들이 광산을 찾았지만, 실제로 광산을 찾은 사람은
거의 없었습니다.

More than a few men had vanished during the dangerous
quest.
위험한 탐색 중에 몇몇 남자가 사라졌습니다.

This lost mine was wrapped in both mystery and old
tragedy.
이 잃어버린 광산은 미스터리와 오래된 비극에 싸여
있었습니다.

No one knew who the first man to find the mine had been.
광산을 처음 발견한 사람이 누구인지는 아무도 몰랐습니다.

The oldest stories don't mention anyone by name.
가장 오래된 이야기에는 누구의 이름도 언급되지 않습니다.

There had always been an ancient ramshackle cabin there.
그곳에는 항상 낡고 허름한 오두막이 있었습니다.

Dying men had sworn there was a mine next to that old
cabin.
죽어가는 사람들은 그 오래된 오두막 옆에 광산이 있었다고
맹세했습니다.

They proved their stories with gold like none found
elsewhere.
그들은 다른 어떤 곳에서도 찾을 수 없는 금으로 자신의
이야기를 증명했습니다.

No living soul had ever looted the treasure from that place.

그 곳에서 보물을 약탈한 사람은 아무도 없었습니다.
The dead were dead, and dead men tell no tales.
죽은 자는 죽었고, 죽은 자는 아무 말도 하지 않는다.
So Thornton and his friends headed into the East.
그래서 쏜튼과 그의 친구들은 동쪽으로 향했습니다.
Pete and Hans joined, bringing Buck and six strong dogs.
피트와 한스가 벅과 힘센 개 여섯 마리를 데리고
합류했습니다.
They set off down an unknown trail where others had
failed.
그들은 다른 사람들이 실패한 알려지지 않은 산길로
들어섰습니다.
They sledded seventy miles up the frozen Yukon River.
그들은 얼어붙은 유콘 강을 따라 70마일을 썰매를 타고
올라갔습니다.
They turned left and followed the trail into the Stewart.
그들은 좌회전하여 스튜어트로 향하는 산길을 따라갔다.
They passed the Mayo and McQuestion, pressing farther on.
그들은 메이요 앤 맥퀘션을 지나 계속해서 전진했습니다.
The Stewart shrank into a stream, threading jagged peaks.
스튜어트 강은 뾰족한 봉우리를 지나며 흐르는 개울처럼
줄어들었다.
These sharp peaks marked the very spine of the continent.
이 날카로운 봉우리들은 대륙의 핵심을 이루었습니다.
John Thornton demanded little from men or the wild land.
존 손튼은 사람이나 자연에 별로 많은 것을 요구하지
않았습니다.
He feared nothing in nature and faced the wild with ease.
그는 자연 속에서 아무것도 두려워하지 않았고, 야생에 쉽게
맞섰습니다.
With only salt and a rifle, he could travel where he wished.
그는 소금과 소총만 가지고 원하는 곳 어디든 여행할 수
있었습니다.
Like the natives, he hunted food while he journeyed along.
그는 원주민들처럼 여행하면서 식량을 사냥했습니다.
If he caught nothing, he kept going, trusting luck ahead.
아무것도 잡지 못하더라도 그는 앞으로 행운이 있을 것이라고
믿고 계속 나아갔습니다.

On this long journey, meat was the main thing they ate.
이 긴 여정에서 그들이 주로 먹은 음식은 고기였습니다.

The sled held tools and ammo, but no strict timetable.
썰매에는 도구와 탄약이 실려 있었지만, 엄격한 시간표는 없었습니다.

Buck loved this wandering; the endless hunt and fishing.
벅은 이런 방랑, 끝없는 사냥과 낚시를 좋아했습니다.

For weeks they were traveling day after steady day.
그들은 몇 주 동안 매일매일 여행을 했습니다.

Other times they made camps and stayed still for weeks.
어떤 때는 캠프를 짓고 몇 주 동안 움직이지 않고 머물기도 했습니다.

The dogs rested while the men dug through frozen dirt.
남자들이 얼어붙은 흙을 파헤치는 동안 개들은 휴식을 취했습니다.

They warmed pans over fires and searched for hidden gold.
그들은 불 위에 냄비를 올려놓고 숨겨진 금을 찾았습니다.

Some days they starved, and some days they had feasts.
어떤 날은 굶주렸고, 어떤 날은 잔치를 벌였습니다.

Their meals depended on the game and the luck of the hunt.
그들의 식사는 사냥감과 사냥의 행운에 달려 있었습니다.

When summer came, men and dogs packed loads on their backs.
여름이 오자, 사람들과 개들은 등에 짐을 짊어졌습니다.

They rafted across blue lakes hidden in mountain forests.
그들은 산림 속에 숨겨진 푸른 호수를 뗏목으로 건넜습니다.

They sailed slim boats on rivers no man had ever mapped.
그들은 아무도 지도에 표시해 본 적이 없는 강에서 가느다란 배를 타고 항해했습니다.

Those boats were built from trees they sawed in the wild.
그 배들은 야생에서 톱질한 나무로 만들어졌습니다.

The months passed, and they twisted through the wild unknown lands.
몇 달이 지났고, 그들은 알려지지 않은 광활한 땅을 지나갔습니다.

There were no men there, yet old traces hinted that men had been.

거기에는 남자가 없었지만, 오래된 흔적으로 보아 남자가
있었던 것으로 보인다.

If the Lost Cabin was real, then others had once come this way.

만약 잃어버린 오두막이 실제로 존재한다면, 다른 사람들도
한때 이곳으로 왔을 것이다.

They crossed high passes in blizzards, even during the summer.

그들은 여름에도 눈보라 속에서 높은 고개를 건넜습니다.

They shivered under the midnight sun on bare mountain slopes.

그들은 벌거벗은 산비탈에서 자정의 태양 아래서 떨고
있었습니다.

Between the treeline and the snowfields, they climbed slowly.

그들은 나무가 우거진 곳과 눈밭 사이를 천천히 올라갔습니다.

In warm valleys, they swatted at clouds of gnats and flies.

따뜻한 계곡에서는 그들은 모기와 파리떼를 쫓아냈습니다.

They picked sweet berries near glaciers in full summer bloom.

그들은 여름철 꽃이 만발한 빙하 근처에서 달콤한 열매를 따
먹었습니다.

The flowers they found were as lovely as those in the Southland.

그들이 발견한 꽃은 사우스랜드의 꽃만큼이나
아름다웠습니다.

That fall they reached a lonely region filled with silent lakes.

그해 가을, 그들은 조용한 호수가 가득한 외딴 지역에
도착했습니다.

The land was sad and empty, once alive with birds and beasts.

그 땅은 한때 새와 짐승이 살았지만 지금은 쓸쓸하고 텅 비어
있습니다.

Now there was no life, just the wind and ice forming in pools.

이제는 생명은 존재하지 않았고, 오직 바람과 웅덩이에
형성되는 얼음만이 있을 뿐이었습니다.

Waves lapped against empty shores with a soft, mournful sound.
파도가 텅 빈 해안에 부드럽고 슬픈 소리를 내며 밀려왔다.

Another winter came, and they followed faint, old trails again.
또다시 겨울이 왔고, 그들은 다시 희미하고 오래된 길을 따라갔다.

These were the trails of men who had searched long before them.
이것은 그들보다 훨씬 먼저 수색을 했던 사람들의 흔적이었습니다.

Once they found a path cut deep into the dark forest.
그들은 어느 날 어둠의 숲 속으로 깊이 파인 길을 발견했습니다.

It was an old trail, and they felt the lost cabin was close.
그곳은 오래된 산길이었고, 그들은 잃어버린 오두막이 가까이 있다고 느꼈습니다.

But the trail led nowhere and faded into the thick woods.
하지만 그 길은 어디로도 이어지지 않고 울창한 숲 속으로 사라졌습니다.

Whoever made the trail, and why they made it, no one knew.
누가 그 길을 만들었는지, 그리고 왜 만들었는지 아무도 몰랐습니다.

Later, they found the wreck of a lodge hidden among the trees.
나중에 그들은 나무 사이에 숨겨진 롯지의 잔해를 발견했습니다.

Rotting blankets lay scattered where someone once had slept.
누군가가 잠을 잤던 곳에는 썩은 담요가 흩어져 있었습니다.

John Thornton found a long-barreled flintlock buried inside.
존 손튼은 안에 묻힌 긴 총신의 화승총을 발견했습니다.

He knew this was a Hudson Bay gun from early trading days.
그는 초창기부터 이것이 허드슨 만의 총이라는 것을 알고 있었습니다.

In those days such guns were traded for stacks of beaver skins.

그 당시에는 그런 총을 비버 가죽 몇 뭉치와 교환하곤 했습니다.

That was all—no clue remained of the man who built the lodge.

그게 전부였습니다. 롯지를 지은 사람에 대한 단서는 전혀 남아 있지 않았습니다.

Spring came again, and they found no sign of the Lost Cabin.

다시 봄이 왔지만, 그들은 잃어버린 오두막의 흔적을 찾을 수 없었다.

Instead they found a broad valley with a shallow stream.

대신 그들은 얕은 개울이 흐르는 넓은 계곡을 발견했습니다.

Gold lay across the pan bottoms like smooth, yellow butter.

냄비 바닥에는 매끈한 노란 버터처럼 금이 깔려 있었습니다.

They stopped there and searched no farther for the cabin.

그들은 거기서 멈춰 서서 더 이상 오두막을 찾지 않았습니다.

Each day they worked and found thousands in gold dust.

그들은 매일 일하여 수천 개의 금가루를 발견했습니다.

They packed the gold in bags of moose-hide, fifty pounds each.

그들은 금을 각각 50파운드씩 무스 가죽 자루에 담아 포장했습니다.

The bags were stacked like firewood outside their small lodge.

가방들은 그들의 작은 숙소 밖에 장작처럼 쌓여 있었습니다.

They worked like giants, and the days passed like quick dreams.

그들은 거인처럼 일했고, 하루하루는 꿈처럼 빨리 지나갔습니다.

They heaped up treasure as the endless days rolled swiftly by.

끝없는 나날이 빠르게 흘러가는 동안 그들은 보물을 쌓았습니다.

There was little for the dogs to do except haul meat now and then.

개들이 할 수 있는 일은 가끔씩 고기를 끌어오는 것 외에는
별로 없었다.

**Thornton hunted and killed the game, and Buck lay by the
fire.**

쏜튼은 사냥을 해서 사냥감을 잡았고, 벅은 불 옆에 누워
있었습니다.

He spent long hours in silence, lost in thought and memory.

그는 오랜 시간 침묵 속에 생각과 기억에 잠겨 있었습니다.

**The image of the hairy man came more often into Buck's
mind.**

털이 많은 남자의 이미지가 벅의 마음속에 더 자주 떠올랐다.

**Now that work was scarce, Buck dreamed while blinking at
the fire.**

이제 일자리가 부족해지자 벅은 불을 쳐다보며 눈을 깜빡이며
꿈을 꾸었다.

**In those dreams, Buck wandered with the man in another
world.**

그 꿈속에서 벅은 그 남자와 함께 다른 세계를 방황했습니다.

Fear seemed the strongest feeling in that distant world.

두려움은 그 먼 세상에서 가장 강한 감정인 듯했다.

Buck saw the hairy man sleep with his head bowed low.

벅은 털이 많은 남자가 머리를 숙인 채 잠들어 있는 것을
보았다.

**His hands were clasped, and his sleep was restless and
broken.**

그는 손을 꽉 쥐고 있었고, 잠은 불안하고 깨져 있었습니다.

**He used to wake with a start and stare fearfully into the
dark.**

그는 깜짝 놀라 깨어나 두려움에 떨며 어둠 속을 응시하곤
했습니다.

**Then he'd toss more wood onto the fire to keep the flame
bright.**

그리고 그는 불꽃을 밝게 유지하기 위해 불에 나무를 더 많이
던졌습니다.

Sometimes they walked along a beach by a gray, endless sea.

때때로 그들은 잿빛으로 끝없이 펼쳐진 바다를 따라 해변을
따라 걸었습니다.

The hairy man picked shellfish and ate them as he walked.

털이 많은 남자는 조개류를 주워서 걸으면서 먹었습니다.

His eyes searched always for hidden dangers in the shadows.

그의 눈은 항상 그림자 속에 숨겨진 위험을 찾았습니다.

His legs were always ready to sprint at the first sign of threat.

그의 다리는 언제나 위협의 첫 징후에 달려들 준비가 되어 있었습니다.

They crept through the forest, silent and wary, side by side.

그들은 나란히 조용히 조심스럽게 숲을 지나갔다.

Buck followed at his heels, and both of them stayed alert.

벅이 그의 뒤를 따랐고, 두 사람은 모두 경계를 늦추지 않았습니다.

Their ears twitched and moved, their noses sniffed the air.

그들의 귀는 꿈틀거리고 움직였고, 코는 공기를 맡았습니다.

The man could hear and smell the forest as sharply as Buck.

그 남자는 벅만큼이나 숲의 냄새와 소리를 예리하게 들을 수 있었습니다.

The hairy man swung through the trees with sudden speed.

털이 많은 남자가 갑작스러운 속도로 나무 사이로 달려갔다.

He leapt from branch to branch, never missing his grip.

그는 가지에서 가지로 뛰어다니며 한 번도 놓치지 않았습니다.

He moved as fast above the ground as he did upon it.

그는 땅 위에서만큼 빠르게 움직였다.

Buck remembered long nights beneath the trees, keeping watch.

벅은 나무 아래에서 긴 밤을 보내며 경계를 지키던 때를 기억했다.

The man slept roosting in the branches, clinging tight.

그 남자는 나뭇가지에 매달려 몸을 꼭 붙잡고 잠을 잤다.

This vision of the hairy man was tied closely to the deep call.

털이 많은 남자에 대한 이 환상은 깊은 부름과 밀접하게 연관되어 있었습니다.

The call still sounded through the forest with haunting force.

그 부름은 여전히 숲 속에 잊혀지지 않을 만큼 힘차게 울려 퍼졌다.

The call filled Buck with longing and a restless sense of joy.
그 전화는 벅의 마음을 그리움과 끊임없는 기쁨으로 채웠다.

He felt strange urges and stirrings that he could not name.
그는 이름 붙일 수 없는 이상한 충동과 움직임을 느꼈다.

Sometimes he followed the call deep into the quiet woods.
때때로 그는 조용한 숲 속 깊은 곳까지 부름을 따라갔다.

He searched for the calling, barking softly or sharply as he went.
그는 부름을 찾으려고 가면서 가볍게 또는 날카롭게 짖었다.

He sniffed the moss and black soil where the grasses grew.
그는 풀이 자라는 이끼와 검은 흙을 맡았습니다.

He snorted with delight at the rich smells of the deep earth.
그는 깊은 땅에서 풍기는 풍부한 냄새를 즐기며 코를 킁킁거렸다.

He crouched for hours behind trunks covered in fungus.
그는 곰팡이로 뒤덮인 나무줄기 뒤에 몇 시간 동안 웅크리고 있었습니다.

He stayed still, listening wide-eyed to every tiny sound.
그는 움직이지 않고 눈을 크게 뜨고 모든 작은 소리에 귀를 기울였다.

He may have hoped to surprise the thing that gave the call.
그는 전화를 건 사람을 놀라게 하고 싶었을지도 모른다.

He did not know why he acted this way—he simply did.
그는 왜 이런 행동을 했는지 몰랐지만, 그냥 그렇게 행동했을 뿐이었습니다.

The urges came from deep within, beyond thought or reason.
그런 충동은 생각이나 이성을 초월한 깊은 내면에서 나왔습니다.

Irresistible urges took hold of Buck without warning or reason.
저항할 수 없는 충동이 아무런 경고나 이유 없이 벅을 사로잡았습니다.

At times he was dozing lazily in camp under the midday heat.
그는 가끔 한낮의 더위 속에서 캠프 안에서 게으르게 졸기도 했습니다.

Suddenly, his head lifted and his ears shoot up alert.

갑자기 그의 머리가 들려졌고 그의 귀가 솟아올랐습니다.

Then he sprang up and dash into the wild without pause.
그러자 그는 벌떡 일어나 잠시도 멈추지 않고 야생으로 달려
나갔다.

He ran for hours through forest paths and open spaces.
그는 숲길과 열린 공간을 수 시간 동안 달렸습니다.

**He loved to follow dry creek beds and spy on birds in the
trees.**
그는 마른 개울바닥을 따라가고 나무 위에 있는 새들을
관찰하는 것을 좋아했습니다.

**He could lie hidden all day, watching partridges strut
around.**
그는 하루 종일 숨어서 참새들이 활보하는 것을 지켜볼 수도
있었습니다.

**They drummed and marched, unaware of Buck's still
presence.**
그들은 벅이 아직 존재한다는 사실을 모른 채 북을 치며
행진했다.

But what he loved most was running at twilight in summer.
하지만 그가 가장 좋아했던 것은 여름 황혼 무렵에 달리는
것이었습니다.

The dim light and sleepy forest sounds filled him with joy.
희미한 빛과 졸린 숲의 소리가 그를 기쁨으로 채웠다.

He read the forest signs as clearly as a man reads a book.
그는 마치 사람이 책을 읽듯이 숲 속의 표지판을 또렷하게
읽었습니다.

**And he searched always for the strange thing that called
him.**
그리고 그는 항상 자신을 부르는 이상한 것을 찾았습니다.

**That calling never stopped—it reached him waking or
sleeping.**
그 부름은 결코 멈추지 않았습니다. 깨어 있든 잠들어 있든 그
부름은 그에게 닿았습니다.

One night, he woke with a start, eyes sharp and ears high.
어느 날 밤, 그는 깜짝 놀라 깨어났는데, 눈은 예리하고 귀는
쫑긋 서 있었습니다.

His nostrils twitched as his mane stood bristling in waves.

그의 콧구멍은 꿈틀거렸고 그의 갈기는 물결치듯 곤두섰다.

From deep in the forest came the sound again, the old call.
숲 속 깊은 곳에서 다시 소리가 들렸습니다. 옛날의
부름이었습니다.

This time the sound rang clearly, a long, haunting, familiar howl.
이번에는 소리가 또렷하게 들렸습니다. 길고, 잊혀지지 않고,
친숙한 울부짖음이었습니다.

It was like a husky's cry, but strange and wild in tone.
그것은 허스키의 울음소리와 비슷했지만, 음색이 이상하고
거칠었습니다.

Buck knew the sound at once—he had heard the exact sound long ago.
벅은 그 소리를 즉시 알아챘다. 그는 오래전에 그 소리를
들었던 것이다.

He leapt through camp and vanished swiftly into the woods.
그는 캠프를 뛰어넘어 재빨리 숲 속으로 사라졌다.

As he neared the sound, he slowed and moved with care.
그는 소리가 가까워지자 속도를 늦추고 조심스럽게 움직였다.

Soon he reached a clearing between thick pine trees.
그는 곧 울창한 소나무 사이의 개간지에 도착했습니다.

There, upright on its haunches, sat a tall, lean timber wolf.
거기, 엉덩이를 땅에 대고 똑바로 앉아 있는 키가 크고 마른
늑대가 있었습니다.

The wolf's nose pointed skyward, still echoing the call.
늑대의 코는 하늘을 가리키며 여전히 울음소리를 울리고
있었다.

Buck had made no sound, yet the wolf stopped and listened.
벅은 소리를 내지 않았지만 늑대는 멈춰서서 귀를 기울였다.

Sensing something, the wolf tensed, searching the darkness.
무언가를 감지한 늑대는 긴장하며 어둠 속을 탐색했습니다.

Buck crept into view, body low, feet quiet on the ground.
벅이 몸을 숙이고 발은 땅에 닿은 채 조용히 다가왔다.

His tail was straight, his body coiled tight with tension.
그의 꼬리는 곧게 뻗었고, 몸은 긴장감으로 팽팽하게 꼬여
있었습니다.

He showed both threat and a kind of rough friendship.
그는 위협적인 모습과 거친 우정의 모습을 동시에 보였다.

It was the wary greeting shared by beasts of the wild.
그것은 야생 동물이 나누는 조심스러운 인사였습니다.

But the wolf turned and fled as soon as it saw Buck.
하지만 늑대는 벅을 보자마자 돌아서 도망갔습니다.

Buck gave chase, leaping wildly, eager to overtake it.
벅은 맹렬하게 뛰어올라 그것을 따라잡으려고 달려들었다.

He followed the wolf into a dry creek blocked by a timber jam.
그는 늑대를 따라 나무가 막혀 있는 마른 개울로 들어갔다.

Cornered, the wolf spun around and stood its ground.
궁지에 몰린 늑대는 돌아서서 그 자리에 섰다.

The wolf snarled and snapped like a trapped husky dog in a fight.
늑대는 싸움에 갇힌 허스키 개처럼 으르렁거리고 딱딱거렸다.

The wolf's teeth clicked fast, its body bristling with wild fury.
늑대의 이빨이 빠르게 딱딱 부딪혔고, 늑대의 몸은 격렬한 분노로 가득 찼습니다.

Buck did not attack but circled the wolf with careful friendliness.
벅은 공격하지 않고 조심스럽고 친근하게 늑대 주위를 돌았습니다.

He tried to block his escape by slow, harmless movements.
그는 느리고 무해한 움직임으로 탈출을 막으려고 했습니다.

The wolf was wary and scared—Buck outweighed him three times.
늑대는 경계심과 두려움을 느꼈습니다. 벅은 늑대보다 세 배나 더 무거웠습니다.

The wolf's head barely reached up to Buck's massive shoulder.
늑대의 머리는 벅의 거대한 어깨에 간신히 닿았습니다.

Watching for a gap, the wolf bolted and the chase began again.
늑대는 틈을 노리고 달려갔고 추격은 다시 시작되었습니다.

Several times Buck cornered him, and the dance repeated.
벅은 여러 번 그를 몰아붙였고, 춤은 반복되었다.

The wolf was thin and weak, or Buck could not have caught him.

늑대는 마르고 약했기 때문에 벅이 그를 잡을 수 없었을 것이다.

Each time Buck drew near, the wolf spun and faced him in fear.

벅이 다가갈 때마다 늑대는 돌아서서 두려움에 휩싸여 그를 마주 보았다.

Then at the first chance, he dashed off into the woods once more.

그러다가 기회가 생기자마자 그는 다시 숲으로 달려갔다.

But Buck did not give up, and finally the wolf came to trust him.

하지만 벅은 포기하지 않았고, 마침내 늑대는 그를 신뢰하게 되었습니다.

He sniffed Buck's nose, and the two grew playful and alert.

그는 벅의 코를 맡았고, 두 사람은 장난기 넘치고 경계심을 갖게 되었다.

They played like wild animals, fierce yet shy in their joy.

그들은 야생 동물처럼 놀았고, 기쁨 속에서는 사나우면서도 수줍어했습니다.

After a while, the wolf trotted off with calm purpose.

얼마 후, 늑대는 차분한 마음으로 달려갔습니다.

He clearly showed Buck that he meant to be followed.

그는 벅에게 자신이 따라와야 한다는 것을 분명히 보여주었습니다.

They ran side by side through the twilight gloom.

그들은 황혼의 어둠 속을 나란히 달렸다.

They followed the creek bed up into the rocky gorge.

그들은 개울바닥을 따라 바위 협곡으로 올라갔습니다.

They crossed a cold divide where the stream had begun.

그들은 개울이 시작되는 차가운 분수령을 건넜습니다.

On the far slope they found wide forest and many streams.

저 멀리 있는 경사지에는 넓은 숲과 많은 개울이 있었습니다.

Through this vast land, they ran for hours without stopping.

그들은 이 광활한 땅을 몇 시간 동안 멈추지 않고 달렸습니다.

The sun rose higher, the air grew warm, but they ran on.

태양은 더 높이 떠올랐고, 공기는 따뜻해졌지만 그들은 계속 달렸습니다.

Buck was filled with joy—he knew he was answering his calling.

벅은 기쁨으로 가득 찼습니다. 그는 자신이 부름에 응답했다는 것을 알았습니다.

He ran beside his forest brother, closer to the call's source.

그는 숲 속의 형제 옆으로 달려가, 부름의 근원에 더 가까이 다가갔다.

Old feelings returned, powerful and hard to ignore.

옛날의 감정이 돌아왔고, 그 감정은 강렬해서 무시하기 어려웠다.

These were the truths behind the memories from his dreams.

이것이 그의 꿈 속 기억 속에 담긴 진실이었습니다.

He had done all this before in a distant and shadowy world.

그는 이 모든 일을 먼 어두운 세상에서 이미 행한 적이 있었습니다.

Now he did this again, running wild with the open sky above.

그는 이번에도 똑같은 짓을 반복하며, 머리 위의 열린 하늘을 마음껏 날아다녔습니다.

They stopped at a stream to drink from the cold flowing water.

그들은 차갑게 흐르는 물을 마시기 위해 개울가에 멈췄다.

As he drank, Buck suddenly remembered John Thornton.

그는 술을 마시던 중 갑자기 존 손튼을 떠올렸다.

He sat down in silence, torn by the pull of loyalty and the calling.

그는 충성심과 부름에 대한 갈등 속에서 침묵 속에 앉았습니다.

The wolf trotted on, but came back to urge Buck forward.

늑대는 계속 달렸지만, 돌아와서 벅을 앞으로 재촉했습니다.

He sniffed his nose and tried to coax him with soft gestures.

그는 코를 킁킁거리며 부드러운 몸짓으로 그를 달래려고 노력했다.

But Buck turned around and started back the way he came.

하지만 벅은 돌아서서 온 길로 돌아갔습니다.

The wolf ran beside him for a long time, whining quietly.

늑대는 오랫동안 그의 옆을 따라 달리며 조용히 낑낑거렸다.

Then he sat down, raised his nose, and let out a long howl.

그러고 나서 그는 앉아서 코를 들어올리고 길게 울부짖었다.

It was a mournful cry, softening as Buck walked away.

그것은 애절한 울음소리였지만, 벅이 걸어가면서 그 울음소리는 부드러워졌습니다.

Buck listened as the sound of the cry faded slowly into the forest silence.

벅은 울음소리가 숲의 고요함 속으로 천천히 사라지는 것을 들었다.

John Thornton was eating dinner when Buck burst into the camp.

존 손튼이 저녁을 먹고 있을 때 벅이 캠프로 뛰어 들어왔습니다.

Buck leapt upon him wildly, licking, biting, and tumbling him.

벅은 그에게 달려들어 핥고, 물고, 넘어뜨렸습니다.

He knocked him over, scrambled on top, and kissed his face.

그는 그를 쓰러뜨리고 그 위로 기어올라가 그의 얼굴에 키스했습니다.

Thornton called this "playing the general tom-fool" with affection.

손튼은 이를 애정을 담아 "일반 바보 놀이"라고 불렀습니다.

All the while, he cursed Buck gently and shook him back and forth.

그러는 동안 그는 벅을 부드럽게 저주하며 앞뒤로 흔들었다.

For two whole days and nights, Buck never left the camp once.

이틀 밤낮으로 벅은 캠프를 한 번도 떠나지 않았습니다.

He kept close to Thornton and never let him out of his sight.

그는 손튼과 가까이 지내며 그를 시야에서 벗어나지 않게 했습니다.

He followed him as he worked and watched him while he ate.

그는 그가 일하는 모습을 따라갔고, 그가 식사하는 모습을 지켜보았습니다.

He saw Thornton into his blankets at night and out each morning.

그는 밤에는 쏜튼이 담요를 뒤집어쓰고, 아침에는 그가 담요를 뒤집어쓰고 있는 것을 보았습니다.

But soon the forest call returned, louder than ever before.
하지만 곧 숲의 부름이 예전보다 더 크게 돌아왔습니다.

Buck grew restless again, stirred by thoughts of the wild wolf.
벅은 야생 늑대에 대한 생각에 다시 불안해졌습니다.

He remembered the open land and running side by side.
그는 넓은 땅과 나란히 달리는 것을 기억했습니다.

He began wandering into the forest once more, alone and alert.
그는 다시 한번 혼자서 정신을 차리고 숲속으로 들어가기 시작했습니다.

But the wild brother did not return, and the howl was not heard.
그러나 야생의 형제는 돌아오지 않았고, 울부짖음도 들리지 않았습니다.

Buck started sleeping outside, staying away for days at a time.
벅은 밖에서 자기 시작했고, 며칠씩이나 밖에 나가지 않았습니다.

Once he crossed the high divide where the creek had begun.
그는 개울이 시작되는 높은 분수령을 건넜습니다.

He entered the land of dark timber and wide flowing streams.
그는 어두운 숲과 넓게 흐르는 개울이 있는 땅에 들어갔습니다.

For a week he roamed, searching for signs of the wild brother.
그는 일주일 동안 야생 형제의 흔적을 찾아 돌아다녔습니다.

He killed his own meat and travelled with long, tireless strides.
그는 스스로 고기를 잡고, 지치지 않고 긴 걸음걸이로 여행을 했습니다.

He fished for salmon in a wide river that reached the sea.
그는 바다로 이어지는 넓은 강에서 연어를 낚았습니다.

There, he fought and killed a black bear maddened by bugs.
그곳에서 그는 벌레에 미쳐버린 검은곰과 싸워서 죽였습니다.

The bear had been fishing and ran blindly through the trees.
곰은 낚시를 하던 중 나무 사이로 눈을 감고 달려갔다.

The battle was a fierce one, waking Buck's deep fighting spirit up.
그 전투는 치열했고, 벅의 깊은 투지를 일깨웠습니다.

Two days later, Buck returned to find wolverines at his kill.
이틀 후, 벅은 자신이 죽인 사냥감에 울버린이 있는 것을 발견했습니다.

A dozen of them quarreled over the meat in noisy fury.
그들 중 12명이 고기를 놓고 시끄럽고 분노하며 싸웠다.

Buck charged and scattered them like leaves in the wind.
벅은 달려들어 바람에 날리는 나뭇잎처럼 그들을 흩어버렸다.

Two wolves remained behind—silent, lifeless, and unmoving forever.
두 마리의 늑대가 뒤에 남았습니다. 영원히 조용하고, 생명이 없고, 움직이지 않았습니다.

The thirst for blood grew stronger than ever.
피에 대한 갈증은 그 어느 때보다 강해졌습니다.

Buck was a hunter, a killer, feeding off living creatures.
벅은 사냥꾼이자 살인자였으며, 살아있는 생물을 잡아먹었습니다.

He survived alone, relying on his strength and sharp senses.
그는 자신의 힘과 예리한 감각에 의지해 혼자 살아남았습니다.

He thrived in the wild, where only the toughest could live.
그는 강인한 사람만이 살 수 있는 야생에서 잘 살았습니다.

From this, a great pride rose up and filled Buck's whole being.
그러자 큰 자부심이 솟아올라 벅의 온 존재를 가득 채웠다.

His pride showed in his every step, in the ripple of every muscle.
그의 자부심은 그의 모든 발걸음과 근육의 움직임에서 드러났습니다.

His pride was as clear as speech, seen in how he carried himself.
그의 자존심은 말에서처럼 분명했고, 그가 행동하는 방식에서도 드러났다.

Even his thick coat looked more majestic and gleamed brighter.

그의 두꺼운 털도 더욱 위엄 있어 보였고, 더욱 밝게 빛났다.

Buck could have been mistaken for a giant timber wolf.

벅은 거대한 목재늑대로 오해받을 수도 있었습니다.

Except for brown on his muzzle and spots above his eyes.

주둥이의 갈색과 눈 위의 반점을 제외하고요.

And the white streak of fur that ran down the middle of his chest.

그리고 그의 가슴 중앙을 따라 흘러내리는 흰 털줄기.

He was even larger than the biggest wolf of that fierce breed.

그는 그 사나운 늑대 중에서도 가장 큰 늑대보다도 더 컸습니다.

His father, a St. Bernard, gave him size and heavy frame.

그의 아버지는 세인트 버나드 종으로, 그에게 크고 튼튼한 체구를 물려주었습니다.

His mother, a shepherd, shaped that bulk into wolf-like form.

그의 어머니는 양치기였는데, 그 덩어리를 늑대 모양으로 만들었습니다.

He had the long muzzle of a wolf, though heavier and broader.

그는 늑대처럼 긴 주둥이를 가지고 있었지만, 늑대보다 무겁고 넓었습니다.

His head was a wolf's, but built on a massive, majestic scale.

그의 머리는 늑대의 머리였지만, 그 규모는 엄청나고 위엄이 넘쳤습니다.

Buck's cunning was the cunning of the wolf and of the wild.

벅의 교활함은 늑대의 교활함과 야생의 교활함이었다.

His intelligence came from both the German Shepherd and St. Bernard.

그의 지능은 저먼 셰퍼드와 세인트 버나드에게서 나왔습니다.

All this, plus harsh experience, made him a fearsome creature.

이 모든 것과 혹독한 경험 때문에 그는 무서운 존재가 되었습니다.

He was as formidable as any beast that roamed the northern wild.

그는 북부 황야를 돌아다니는 어떤 짐승보다도 강력했습니다.

Living only on meat, Buck reached the full peak of his strength.
오직 고기만 먹고 사는 벅은 자신의 힘의 정점에
도달했습니다.

He overflowed with power and male force in every fiber of him.
그는 온몸에 힘과 남성적 강인함이 넘쳐흘렀습니다.

When Thornton stroked his back, the hairs sparked with energy.
쏜튼이 그의 등을 쓰다듬자, 그의 털에서 에너지가
솟아올랐다.

Each hair crackled, charged with the touch of living magnetism.
각각의 머리카락이 딱딱거렸고, 살아있는 자기력으로 충전된
듯했다.

His body and brain were tuned to the finest possible pitch.
그의 몸과 두뇌는 가능한 가장 좋은 음정으로 조정되었습니다.

Every nerve, fiber, and muscle worked in perfect harmony.
모든 신경, 섬유, 근육이 완벽한 조화를 이루며 작동했습니다.

To any sound or sight needing action, he responded instantly.
행동이 필요한 소리나 광경에 그는 즉시 반응했습니다.

If a husky leaped to attack, Buck could leap twice as fast.
허스키가 공격하려고 뛰어들면, 벅은 두 배나 빨리 뛰어오를
수 있었습니다.

He reacted quicker than others could even see or hear.
그는 다른 사람들이 보거나 들을 수 있는 것보다 더 빠르게
반응했습니다.

Perception, decision, and action all came in one fluid moment.
인식, 결정, 행동이 모두 한 순간에 이루어졌습니다.

In truth, these acts were separate, but too fast to notice.
사실, 이 두 가지 행위는 별개였지만 너무 빨리 진행되어
알아차리지 못했습니다.

So brief were the gaps between these acts, they seemed as one.
이 두 행위 사이의 간격이 너무 짧아서 마치 하나가 된 것처럼
보였습니다.

His muscles and being was like tightly coiled springs.
그의 근육과 존재는 단단히 꼬인 스프링과 같았습니다.

His body surged with life, wild and joyful in its power.
그의 몸은 활력으로 솟구쳐 올랐고, 그 힘은 거칠고 즐거웠다.

At times he felt like the force was going to burst out of him entirely.
때때로 그는 힘이 자신에게서 완전히 터져 나올 것 같은 느낌을 받았습니다.

"Never was there such a dog," Thornton said one quiet day.
"그런 개는 결코 없었어." 쏜튼은 어느 조용한 날 이렇게 말했다.

The partners watched Buck striding proudly from the camp.
두 사람은 벅이 캠프에서 당당하게 걸어나오는 모습을 지켜보았다.

"When he was made, he changed what a dog can be," said Pete.
피트는 "그가 만들어졌을 때, 개가 될 수 있는 모습이 바뀌었어요."라고 말했습니다.

"By Jesus! I think so myself," Hans quickly agreed.
"맙소사! 나도 그렇게 생각해." 한스가 재빨리 동의했다.

They saw him march off, but not the change that came after.
그들은 그가 행진하는 모습은 보았지만, 그 후에 일어난 변화는 보지 못했습니다.

As soon as he entered the woods, Buck transformed completely.
숲에 들어서자마자 벅은 완전히 변했습니다.

He no longer marched, but moved like a wild ghost among trees.
그는 더 이상 행진하지 않고, 나무 사이를 야생 유령처럼 움직였다.

He became silent, cat-footed, a flicker passing through shadows.
그는 조용해졌고, 고양이발처럼 움직이며 그림자 속으로 스쳐 지나가는 깜빡임이 되었다.

He used cover with skill, crawling on his belly like a snake.
그는 능숙하게 엄폐물을 사용했고, 뱀처럼 배를 기어다녔습니다.

And like a snake, he could leap forward and strike in silence.
그리고 뱀처럼 그는 앞으로 뛰어올라 소리 없이 공격할 수 있었습니다.

He could steal a ptarmigan straight from its hidden nest.
그는 숨겨진 둥지에서 뇌조를 바로 훔칠 수도 있었습니다.

He killed sleeping rabbits without a single sound.
그는 잠자는 토끼들을 소리 하나 내지 않고 죽였습니다.

He could catch chipmunks midair as they fled too slowly.
그는 다람쥐들이 너무 느리게 도망가기 때문에 공중에서 그들을 잡을 수 있었습니다.

Even fish in pools could not escape his sudden strikes.
심지어 연못 속의 물고기조차도 그의 갑작스러운 공격을 피할 수 없었다.

Not even clever beavers fixing dams were safe from him.
댐을 고치는 똑똑한 비버조차도 그에게서 안전하지 못했습니다.

He killed for food, not for fun—but liked his own kills best.
그는 재미로가 아니라 음식을 위해 살인을 저질렀지만, 자신이 죽인 것이 가장 좋았다.

Still, a sly humor ran through some of his silent hunts.
그럼에도 불구하고 그의 조용한 사냥에는 교활한 유머가 흐르고 있었습니다.

He crept up close to squirrels, only to let them escape.
그는 다람쥐에게 가까이 다가갔지만 다람쥐가 도망가도록 내버려 두었습니다.

They were going to flee to the trees, chattering in fearful outrage.
그들은 두려움과 분노에 찬 소리를 지르며 나무 위로 도망갈 참이었다.

As fall came, moose began to appear in greater numbers.
가을이 오면서 무스가 더 많이 나타나기 시작했습니다.

They moved slowly into the low valleys to meet the winter.
그들은 겨울을 맞이하기 위해 천천히 낮은 계곡으로 이동했습니다.

Buck had already brought down one young, stray calf.
벅은 이미 어린 길 잃은 송아지 한 마리를 잡아왔다.

But he longed to face larger, more dangerous prey.

하지만 그는 더 크고 더 위험한 먹잇감에 맞서고
싶어했습니다.

**One day on the divide, at the creek's head, he found his
chance.**
어느 날 분수령에서, 개울의 상류에서 그는 기회를
찾았습니다.

A herd of twenty moose had crossed from forested lands.
20마리의 무스 무리가 숲에서 건너왔습니다.

Among them was a mighty bull; the leader of the group.
그들 중에는 힘센 황소가 있었는데, 그는 그 무리의 리더였다.

The bull stood over six feet tall and looked fierce and wild.
그 황소는 키가 6피트가 넘었고 사납고 거칠어 보였습니다.

**He tossed his wide antlers, fourteen points branching
outward.**
그는 넓은 뿔을 흔들었고, 뿔의 14개가 바깥쪽으로
갈라졌습니다.

The tips of those antlers stretched seven feet across.
뿔의 끝은 너비가 7피트나 되었습니다.

His small eyes burned with rage as he spotted Buck nearby.
그는 근처에 벅이 있는 것을 보고 작은 눈으로 분노를 표했다.

He let out a furious roar, trembling with fury and pain.
그는 격노와 고통으로 떨면서 맹렬한 포효를 터뜨렸다.

An arrow-end stuck out near his flank, feathered and sharp.
그의 옆구리 근처에는 깃털이 돋아 있고 날카로운 화살촉이
튀어나와 있었다.

This wound helped explain his savage, bitter mood.
이 상처는 그의 사나운, 씁쓸한 기분을 설명하는 데 도움이
되었습니다.

Buck, guided by ancient hunting instinct, made his move.
벅은 고대의 사냥 본능에 따라 움직였다.

He aimed to separate the bull from the rest of the herd.
그는 황소를 무리의 나머지 부분에서 분리하는 것을 목표로
삼았습니다.

This was no easy task—it took speed and fierce cunning.
이것은 쉬운 일이 아니었습니다. 빠른 속도와 엄청난 재치가
필요했습니다.

He barked and danced near the bull, just out of range.

그는 황소 근처로 짖으며 춤을 추었지만, 황소의 사정거리
바로 바깥에 있었습니다.

The moose lunged with huge hooves and deadly antlers.
무스는 거대한 발굽과 치명적인 뿔로 달려들었다.

One blow could have ended Buck's life in a heartbeat.
한 번의 타격만으로도 벅의 생명은 눈 깜짝할 새에 끝날 수
있었습니다.

Unable to leave the threat behind, the bull grew mad.
위협에서 벗어날 수 없었던 황소는 미쳐버렸다.

He charged in fury, but Buck always slipped away.
그는 격노하여 돌격했지만 벅은 언제나 도망쳤다.

Buck faked weakness, luring him farther from the herd.
벅은 약한 척하며 무리에서 멀어졌습니다.

**But young bulls were going to charge back to protect the
leader.**
하지만 어린 황소들은 지도자를 보호하기 위해 돌격해
왔습니다.

They forced Buck to retreat and the bull to rejoin the group.
그들은 벅을 후퇴하게 했고 황소는 무리에 다시 합류했습니다.

There is a patience in the wild, deep and unstoppable.
자연에는 깊고 멈출 수 없는 인내심이 있습니다.

A spider waits motionless in its web for countless hours.
거미는 수없이 많은 시간 동안 거미줄 속에서 움직이지 않고
기다린다.

A snake coils without twitching, and waits till it is time.
뱀은 꿈틀거리지 않고 똬리를 틀며 때가 될 때까지 기다린다.

A panther lies in ambush, until the moment arrives.
표범은 매복 공격을 하지만, 때가 되면 매복 공격을 합니다.

This is the patience of predators who hunt to survive.
이것이 살아남기 위해 사냥하는 포식자의 인내심입니다.

That same patience burned inside Buck as he stayed close.
벅은 가까이 머물면서 그와 같은 인내심을 불태웠다.

He stayed near the herd, slowing its march and stirring fear.
그는 무리 근처에 머물며 무리의 행진을 늦추고 두려움을
조장했습니다.

He teased the young bulls and harassed the mother cows.
그는 어린 황소들을 놀리고, 어미 암소들을 괴롭혔다.

He drove the wounded bull into a deeper, helpless rage.

그는 상처 입은 황소를 더욱 깊고 무력한 분노 속으로
몰아넣었다.

For half a day, the fight dragged on with no rest at all.
반나절 동안 싸움은 쉬지 않고 계속되었습니다.

Buck attacked from every angle, fast and fierce as wind.
벅은 모든 각도에서 바람처럼 빠르고 맹렬하게 공격했다.

He kept the bull from resting or hiding with its herd.
그는 황소가 쉬거나 무리 속에 숨는 것을 막았습니다.

Buck wore down the moose's will faster than its body.
벅은 무스의 몸보다 더 빨리 무스의 의지를 꺾어버렸다.

The day passed and the sun sank low in the northwest sky.
하루가 지나고 태양이 북서쪽 하늘에 낮게 졌습니다.

The young bulls returned more slowly to help their leader.
어린 황소들은 지도자를 돕기 위해 더 천천히 돌아왔습니다.

Fall nights had returned, and darkness now lasted six hours.
가을밤이 돌아왔고, 어둠은 이제 여섯 시간 동안
지속되었습니다.

**Winter was pressing them downhill into safer, warmer
valleys.**
겨울은 그들을 더 안전하고 따뜻한 계곡으로 내리막길로
몰아넣었습니다.

But still they couldn't escape the hunter that held them back.
하지만 그들은 여전히 그들을 붙잡고 있는 사냥꾼에게서
벗어날 수 없었습니다.

Only one life was at stake—not the herd's, just their leader's.
위험에 처한 것은 단 한 명의 목숨뿐이었다. 무리의 목숨이
아니라, 그들의 지도자의 목숨이었다.

That made the threat distant and not their urgent concern.
그래서 그들은 위협을 멀리하는 것으로 여겼고, 그 위협을
시급한 문제로 여기지 않았습니다.

**In time, they accepted this cost and let Buck take the old
bull.**
시간이 지나면서 그들은 이 비용을 받아들이고 벅이 늙은
황소를 맡게 했습니다.

**As twilight settled in, the old bull stood with his head
down.**
황혼이 깃들자 늙은 황소는 머리를 숙인 채 서 있었습니다.

He watched the herd he had led vanish into the fading light.

그는 자신이 이끌던 무리가 희미해지는 빛 속으로 사라지는 것을 지켜보았습니다.

There were cows he had known, calves he had once fathered.

그가 아는 소도 있었고, 한때 낳은 송아지도 있었습니다.

There were younger bulls he had fought and ruled in past seasons.

그는 지난 시즌에 더 어린 황소들과 싸워서 다스렸습니다.

He could not follow them—for before him crouched Buck again.

그는 그들을 따라갈 수 없었다. 그의 앞에는 벅이 다시 웅크리고 있었기 때문이다.

The merciless fanged terror blocked every path he might take.

무자비한 송곳니를 가진 공포가 그가 갈 수 있는 모든 길을 막았습니다.

The bull weighed more than three hundredweight of dense power.

그 황소는 300파운드 이상의 무거운 힘을 가지고 있었습니다.

He had lived long and fought hard in a world of struggle.

그는 오랫동안 살았고, 투쟁의 세상에서 힘겹게 싸웠습니다.

Yet now, at the end, death came from a beast far beneath him.

하지만 이제, 마지막에 이르러 죽음은 그의 훨씬 아래에 있는 짐승에게서 왔습니다.

Buck's head did not even rise to the bull's huge knuckled knees.

벅의 머리는 황소의 거대한 무릎에도 미치지 못했습니다.

From that moment on, Buck stayed with the bull night and day.

그 순간부터 벅은 밤낮으로 황소와 함께 지냈습니다.

He never gave him rest, never allowed him to graze or drink.

그는 그에게 결코 휴식을 주지 않았고, 방목하거나 물을 마시는 것도 허락하지 않았습니다.

The bull tried to eat young birch shoots and willow leaves.

황소는 어린 자작나무 새순과 버드나무 잎을 먹으려고 했습니다.

But Buck drove him off, always alert and always attacking.

하지만 벅은 그를 몰아냈고, 항상 경계하며 항상
공격했습니다.

Even at trickling streams, Buck blocked every thirsty attempt.
심지어 졸졸 흐르는 시냇물에서도 벅은 목마른 사람들의 모든
시도를 막았습니다.

Sometimes, in desperation, the bull fled at full speed.
때로는 절망에 빠진 황소는 전속력으로 도망치기도 했습니다.

Buck let him run, loping calmly just behind, never far away.
벅은 그가 달리도록 내버려 두었고, 그의 바로 뒤에서
침착하게 달렸으며, 결코 멀리 떨어지지 않았습니다.

When the moose paused, Buck lay down, but stayed ready.
무스가 멈추자 벅은 누워 있었지만 준비를 갖추고 있었습니다.

If the bull tried to eat or drink, Buck struck with full fury.
황소가 먹거나 마시려고 하면 벅은 맹렬한 분노로
공격했습니다.

The bull's great head sagged lower under its vast antlers.
황소의 커다란 머리는 거대한 뿔 아래로 처져 있었습니다.

His pace slowed, the trot became a heavy; a stumbling walk.
그의 걸음은 느려졌고, 질주는 무거워졌다. 비틀거리는
걸음걸이였다.

He often stood still with drooped ears and nose to the ground.
그는 종종 귀를 늘어뜨리고 코를 땅에 대고 서 있었습니다.

During those moments, Buck took time to drink and rest.
그 시간 동안 벅은 술을 마시고 휴식을 취했습니다.

Tongue out, eyes fixed, Buck sensed the land was changing.
혀를 내밀고 눈을 고정한 채, 벅은 땅이 변하고 있음을 느꼈다.

He felt something new moving through the forest and sky.
그는 숲과 하늘을 가로질러 새로운 무언가가 움직이는 것을
느꼈습니다.

As moose returned, so did other creatures of the wild.
무스가 돌아오자 다른 야생 동물들도 돌아왔습니다.

The land felt alive with presence, unseen but strongly known.
그 땅은 눈에 보이지 않지만 뚜렷하게 알려진 존재감으로 살아
있는 듯했다.

It was not by sound, sight, nor by scent that Buck knew this.

벅은 소리나 시각이나 후각으로 그것을 알지 못했습니다.

A deeper sense told him that new forces were on the move.
더 깊은 감각은 새로운 세력이 움직이고 있다고 그에게
말했습니다.

Strange life stirred through the woods and along the streams.
숲과 개울을 따라 이상한 생명이 움직였다.

He resolved to explore this spirit, after the hunt was complete.
그는 사냥이 끝난 후 이 영혼을 탐구하기로 결심했습니다.

On the fourth day, Buck brought down the moose at last.
네 번째 날, 벅은 마침내 무스를 내려왔습니다.

He stayed by the kill for a full day and night, feeding and resting.
그는 하루 종일 밤새도록 사냥한 사슴 곁에 머물며 먹이를
먹고 쉬었습니다.

He ate, then slept, then ate again, until he was strong and full.
그는 먹고, 자고, 다시 먹었는데, 그렇게 몸이 튼튼하고
배부르게 되었다.

When he was ready, he turned back toward camp and Thornton.
준비가 되자 그는 캠프와 손튼 쪽으로 돌아섰습니다.

With steady pace, he began the long return journey home.
그는 꾸준한 속도로 집으로 돌아가는 긴 여정을 시작했습니다.

He ran in his tireless lope, hour after hour, never once straying.
그는 지칠 줄 모르고 몇 시간이고 달렸으며, 한 번도 길을 잃지
않았습니다.

Through unknown lands, he moved straight as a compass needle.
그는 알려지지 않은 땅을 나침반 바늘처럼 똑바로 나아갔다.

His sense of direction made man and map seem weak by comparison.
그의 방향 감각은 인간과 지도를 비교하면 약해 보였다.

As Buck ran, he felt more strongly the stir in the wild land.
벅은 달릴수록 황야지대에서 더 강한 움직임을 느꼈다.

It was a new kind of life, unlike that of the calm summer months.

그것은 고요한 여름철의 삶과는 다른 새로운 종류의 삶이었습니다.

This feeling no longer came as a subtle or distant message.

이런 느낌은 더 이상 미묘하거나 멀리서 전해지는 메시지가 아니었습니다.

Now the birds spoke of this life, and squirrels chattered about it.

이제 새들은 이 삶에 대해 이야기했고 다람쥐들은 이 삶에 대해 지저귀었습니다.

Even the breeze whispered warnings through the silent trees.

심지어 바람조차도 조용한 나무들 사이로 경고를 속삭였다.

Several times he stopped and sniffed the fresh morning air.

그는 여러 번 멈춰서서 신선한 아침 공기를 맡았습니다.

He read a message there that made him leap forward faster.

그는 거기에서 자신을 더 빨리 앞으로 뛰게 만드는 메시지를 읽었습니다.

A heavy sense of danger filled him, as if something had gone wrong.

마치 무슨 일이 잘못된 것처럼, 무거운 위험감이 그를 가득 채웠다.

He feared calamity was coming—or had already come.

그는 재앙이 다가오고 있다거나 이미 다가왔다고 두려워했습니다.

He crossed the last ridge and entered the valley below.

그는 마지막 능선을 넘어 아래 계곡으로 들어갔다.

He moved more slowly, alert and cautious with every step.

그는 더욱 천천히, 경계하며 조심스럽게 매 걸음을 옮겼다.

Three miles out he found a fresh trail that made him stiffen.

3마일을 나간 뒤 그는 몸을 굳게 만드는 새로운 길을 발견했습니다.

The hair along his neck rippled and bristled in alarm.

그의 목덜미의 머리카락이 놀라움으로 흩날리고 곤두섰다.

The trail led straight toward the camp where Thornton waited.

그 길은 쏜튼이 기다리고 있던 캠프를 향해 곧장
이어졌습니다.

Buck moved faster now, his stride both silent and swift.

벅은 이제 더 빨리 움직였다. 그의 걸음걸이는 조용하면서도
빨랐다.

His nerves tightened as he read signs others were going to miss.

그는 다른 사람들이 놓칠 징조를 읽으며 긴장감을 느꼈다.

Each detail in the trail told a story — except the final piece.

트레일의 각 세부 사항은 이야기를 담고 있었습니다. 마지막
부분을 제외하고요.

His nose told him about the life that had passed this way.

그의 코는 그에게 이 길을 지나간 삶에 대해 말해주었다.

The scent gave him a changing picture as he followed close behind.

그가 바로 뒤따르자 향기가 그에게 변화하는 그림을 선사했다.

But the forest itself had gone quiet; unnaturally still.

하지만 숲 자체는 고요해졌습니다. 부자연스러울 정도로
고요해졌습니다.

Birds had vanished, squirrels were hidden, silent and still.

새들은 사라지고 다람쥐들은 숨어서 조용하고 고요했습니다.

He saw only one gray squirrel, flat on a dead tree.

그는 죽은 나무 위에 납작하게 앉아 있는 회색 다람쥐 한
마리만 보았습니다.

The squirrel blended in, stiff and motionless like a part of the forest.

다람쥐는 숲의 일부처럼 뻣뻣하고 움직이지 않고 섞여
있었습니다.

Buck moved like a shadow, silent and sure through the trees.

벅은 그림자처럼 움직이며, 나무 사이로 조용하고 확실하게
움직였다.

His nose jerked sideways as if pulled by an unseen hand.

그의 코는 보이지 않는 손에 잡아당겨진 듯 옆으로 움직였다.

He turned and followed the new scent deep into a thicket.

그는 돌아서서 새로운 향기를 따라 덤불 깊숙이 들어갔다.

There he found Nig, lying dead, pierced through by an arrow.

그는 그곳에서 니그가 화살에 찔려 죽은 채로 누워 있는 것을
발견했습니다.

**The shaft passed clear through his body, feathers still
showing.**
화살은 그의 몸을 꿰뚫었고, 깃털은 여전히 보였다.

**Nig had dragged himself there, but died before reaching
help.**
니그는 그곳까지 기어갔지만 도움을 받기 전에 죽었습니다.

A hundred yards farther on, Buck found another sled dog.
100야드 더 가서 벅은 또 다른 썰매개를 발견했습니다.

It was a dog that Thornton had bought back in Dawson City.
그 개는 쏜튼이 도슨 시티에서 사온 개였습니다.

The dog was in a death struggle, thrashing hard on the trail.
그 개는 죽음의 싸움을 벌이고 있었고, 길에서 심하게
몸부림치고 있었습니다.

Buck passed around him, not stopping, eyes fixed ahead.
벅은 멈추지 않고 그의 주위를 돌아다녔고, 시선은 앞을
응시했다.

**From the direction of the camp came a distant, rhythmic
chant.**
캠프 방향에서 멀리서 리드미컬한 노래가 들려왔다.

Voices rose and fell in a strange, eerie, sing-song tone.
목소리가 이상하고, 섬뜩하고, 노래하듯이 오르락내리락했다.

Buck crawled forward to the edge of the clearing in silence.
벅은 아무 말 없이 개간지 가장자리로 기어갔다.

**There he saw Hans lying face-down, pierced with many
arrows.**
그는 한스가 얼굴을 아래로 하고 누워 있는 것을 보았는데,
그의 몸에는 수많은 화살이 박혀 있었다.

**His body looked like a porcupine, bristling with feathered
shafts.**
그의 몸은 깃털이 난 털이 빽빽이 난 고슴도치처럼
생겼습니다.

At the same moment, Buck looked toward the ruined lodge.
동시에 벅은 파괴된 롯지를 바라보았다.

The sight made the hair rise stiff on his neck and shoulders.
그 광경을 보자 그의 목과 어깨에는 소름이 돋았다.

A storm of wild rage swept through Buck's whole body.

격렬한 분노의 폭풍이 벅의 온 몸을 휩쓸었다.

He growled aloud, though he did not know that he had.
그는 자신이 그렇게 했다는 것을 알지 못한 채 큰 소리로
으르렁거렸다.

The sound was raw, filled with terrifying, savage fury.
그 소리는 날카로웠고, 무섭고 야만적인 분노로 가득 차
있었습니다.

For the last time in his life, Buck lost reason to emotion.
벅은 인생에서 마지막으로 이성을 잃고 감정을 잃었습니다.

It was love for John Thornton that broke his careful control.
존 손튼에 대한 사랑으로 인해 그의 신중한 통제가
깨졌습니다.

The Yeehats were dancing around the wrecked spruce lodge.
예하트 가족은 파괴된 가문비나무 오두막 주위에서 춤을 추고
있었습니다.

**Then came a roar—and an unknown beast charged toward
them.**
그러자 포효하는 소리가 들렸고, 알 수 없는 짐승이 그들을
향해 달려들었습니다.

It was Buck; a fury in motion; a living storm of vengeance.
그것은 벅이었다. 움직이는 분노, 복수의 살아있는
폭풍이었다.

He flung himself into their midst, mad with the need to kill.
그는 살인의 욕구에 미쳐 그들 한가운데로 달려들었다.

He leapt at the first man, the Yeehat chief, and struck true.
그는 첫 번째 남자, 예하트 족장에게 달려들어 정확히
공격했습니다.

His throat was ripped open, and blood spouted in a stream.
그의 목이 찢어지고 피가 물줄기로 뿜어져 나왔다.

**Buck did not stop, but tore the next man's throat with one
leap.**
벅은 멈추지 않고 단번에 다음 남자의 목을 찢어버렸습니다.

**He was unstoppable—ripping, slashing, never pausing to
rest.**
그는 멈출 수 없었습니다.찢고, 베고, 쉬는 틈도 없이
계속했습니다.

**He darted and sprang so fast their arrows could not touch
him.**

그는 너무 빨리 달려가서 화살이 그를 맞힐 수 없었습니다.

The Yeehats were caught in their own panic and confusion.
예하트 가족은 그들만의 공황과 혼란에 빠졌습니다.

Their arrows missed Buck and struck one another instead.
그들의 화살은 벅을 빗나가고 대신 서로를 맞혔습니다.

One youth threw a spear at Buck and hit another man.
한 청년이 벅에게 창을 던져 다른 남자를 맞혔습니다.

The spear drove through his chest, the point punching out his back.
창은 그의 가슴을 꿰뚫었고, 창끝은 그의 등을 찔렀다.

Terror swept over the Yeehats, and they broke into full retreat.
예하트족은 공포에 휩싸여 전속력으로 퇴각했다.

They screamed of the Evil Spirit and fled into the forest shadows.
그들은 악령을 비명을 지르며 숲의 그림자 속으로 도망쳤습니다.

Truly, Buck was like a demon as he chased the Yeehats down.
정말로 벅은 예하츠를 쫓아가는 동안 악마와 같았습니다.

He tore after them through the forest, bringing them down like deer.
그는 숲을 뚫고 그들을 쫓아갔고, 그들을 사슴처럼 쓰러뜨렸습니다.

It became a day of fate and terror for the frightened Yeehats.
두려움에 떨던 예하트족에게는 그날이 운명과 공포의 날이 되었다.

They scattered across the land, fleeing far in every direction.
그들은 땅 곳곳에 흩어져서 모든 방향으로 멀리 도망쳤습니다.

A full week passed before the last survivors met in a valley.
마지막 생존자들이 계곡에 모이기까지 꼬박 일주일이 걸렸습니다.

Only then did they count their losses and speak of what happened.
그제서야 그들은 손실을 계산하고 무슨 일이 일어났는지 이야기합니다.

Buck, after tiring of the chase, returned to the ruined camp.
벅은 추격에 지친 후 폐허가 된 캠프로 돌아갔다.

He found Pete, still in his blankets, killed in the first attack.
그는 첫 번째 공격에서 사망한 피트가 담요를 두른 채 있는
것을 발견했습니다.

Signs of Thornton's last struggle were marked in the dirt nearby.
근처 흙에는 쏜튼의 마지막 투쟁의 흔적이 남아 있었습니다.

Buck followed every trace, sniffing each mark to a final point.
벅은 모든 흔적을 따라가며 각각의 흔적을 마지막 지점까지
냄새 맡았다.

At the edge of a deep pool, he found faithful Skeet, lying still.
그는 깊은 웅덩이의 가장자리에서 충실한 스키트가 움직이지
않고 누워 있는 것을 발견했습니다.

Skeet's head and front paws were in the water, unmoving in death.
스키트의 머리와 앞발은 물속에 잠겨 있었고, 죽은 듯
움직이지 않았습니다.

The pool was muddy and tainted with runoff from the sluice boxes.
수영장은 진흙투성이였고 수문 상자에서 흘러나온 물로
더러워져 있었습니다.

Its cloudy surface hid what lay beneath, but Buck knew the truth.
구름이 낀 표면은 그 아래에 무엇이 있는지 숨기고 있었지만,
벅은 진실을 알고 있었습니다.

He tracked Thornton's scent into the pool—but the scent led nowhere else.
그는 쏜튼의 냄새를 수영장까지 따라갔다. 하지만 그 냄새는
다른 곳으로 이어지지 않았다.

There was no scent leading out—only the silence of deep water.
밖으로는 아무런 향기도 나지 않았다. 오직 깊은 물의
고요함만이 느껴졌다.

All day Buck stayed near the pool, pacing the camp in grief.
벅은 하루종일 수영장 근처에 머물며 슬픔에 잠겨 캠프 안을
왔다 갔다 했습니다.

He wandered restlessly or sat in stillness, lost in heavy thought.

그는 불안하게 방황하거나, 고요히 앉아 깊은 생각에 잠겼습니다.

He knew death; the ending of life; the vanishing of all motion.

그는 죽음을 알았습니다. 삶의 끝, 모든 움직임의 소멸을 알았습니다.

He understood that John Thornton was gone, never to return.

그는 존 손튼이 떠났고 다시는 돌아오지 않을 것이라는 걸 알았습니다.

The loss left an empty space in him that throbbed like hunger.

그 상실은 그에게 굶주림처럼 뛰는 공허한 공간을 남겼습니다.

But this was a hunger food could not ease, no matter how much he ate.

하지만 아무리 많이 먹어도 배고픔은 해소되지 않았습니다.

At times, as he looked at the dead Yeehats, the pain faded.

때때로 그는 죽은 예하트들을 바라보면서 고통이 사라졌습니다.

And then a strange pride rose inside him, fierce and complete.

그러자 그의 안에서 이상하고도 강렬한 자부심이 솟아올랐습니다.

He had killed man, the highest and most dangerous game of all.

그는 인간을 죽였습니다. 인간이란 모든 게임 중에서도 가장 고귀하고 위험한 게임입니다.

He had killed in defiance of the ancient law of club and fang.

그는 몽둥이와 송곳니라는 고대의 법을 어기고 살인을 저질렀습니다.

Buck sniffed their lifeless bodies, curious and thoughtful.

벅은 호기심과 생각에 잠겨 그들의 생명 없는 몸을 냄새 맡았다.

They had died so easily—much easier than a husky in a fight.

그들은 너무 쉽게 죽었어요. 싸움 속의 허스키보다 훨씬
쉽게요.

Without their weapons, they had no true strength or threat.
무기가 없다면 그들에게는 진정한 힘도 위협도 없습니다.

**Buck was never going to fear them again, unless they were
armed.**
벅은 그들이 무장하지 않는 한 다시는 그들을 두려워하지 않을
것이다.

Only when they carried clubs, spears, or arrows he'd beware.
오직 그들이 곤봉이나 창, 화살을 휴대하고 있을 때만
조심했다.

**Night fell, and a full moon rose high above the tops of the
trees.**
밤이 되었고, 나무 꼭대기 위로 보름달이 높이 떠올랐습니다.

**The moon's pale light bathed the land in a soft, ghostly glow
like day.**
달빛의 희미한 빛이 땅을 낮처럼 부드럽고 희미한 빛으로
물들였다.

**As the night deepened, Buck still mourned by the silent
pool.**
밤이 깊어갈수록, 벅은 여전히 조용한 웅덩이 옆에서 애도하고
있었습니다.

Then he became aware of a different stirring in the forest.
그때 그는 숲 속에서 다른 움직임이 일어나는 것을
느꼈습니다.

**The stirring was not from the Yeehats, but from something
older and deeper.**
그 감동은 예하츠 에서 나온 것이 아니라, 더 오래되고 더 깊은
곳에서 나온 것이었습니다.

He stood up, ears lifted, nose testing the breeze with care.
그는 일어서서 귀를 치켜들고, 코를 대고 조심스럽게 바람을
살펴보았다.

**From far away came a faint, sharp yelp that pierced the
silence.**
멀리서 조용함을 깨고 희미하고 날카로운 비명소리가
들려왔다.

Then a chorus of similar cries followed close behind the first.
그러자 첫 번째 소리 바로 뒤에 비슷한 함성의 합창이
이어졌습니다.

The sound drew nearer, growing louder with each passing moment.
소리는 점점 가까워졌고, 지날수록 소리는 점점 더
커졌습니다.

Buck knew this cry—it came from that other world in his memory.
벅은 이 외침을 알고 있었다. 그것은 그의 기억 속 다른
세계에서 들려오는 소리였다.

He walked to the center of the open space and listened closely.
그는 열린 공간의 중앙으로 걸어가서 귀를 기울여 들었습니다.

The call rang out, many-noted and more powerful than ever.
그 부름은 많은 이의 주목을 끌었고 그 어느 때보다 더
강력했습니다.

And now, more than ever before, Buck was ready to answer his calling.
그리고 지금, 그 어느 때보다도 벅은 자신의 소명에 응답할
준비가 되었습니다.

John Thornton was dead, and no tie to man remained within him.
존 손튼은 죽었고, 그에게는 인간과의 유대감이 더 이상 남아
있지 않았습니다.

Man and all human claims were gone—he was free at last.
인간과 인간에 대한 모든 주장은 사라졌습니다. 마침내 그는
자유로워졌습니다.

The wolf pack were chasing meat like the Yeehats once had.
늑대 무리는 예하트족이 그랬던 것처럼 고기를 쫓고
있었습니다.

They had followed moose down from the timbered lands.
그들은 숲이 우거진 땅에서 무스를 따라 내려왔습니다.

Now, wild and hungry for prey, they crossed into his valley.
이제 그들은 야성적이고 먹이를 갈망하며 그의 계곡으로
들어갔습니다.

Into the moonlit clearing they came, flowing like silver water.

그들은 달빛이 비치는 개간지로 은빛 물처럼 흘러 들어왔습니다.

Buck stood still in the center, motionless and waiting for them.

벅은 중앙에 서서 움직이지 않고 그들을 기다렸다.

His calm, large presence stunned the pack into a brief silence.

그의 차분하고 큰 존재감에 무리는 잠시 침묵에 잠겼다.

Then the boldest wolf leapt straight at him without hesitation.

그러자 가장 대담한 늑대가 주저하지 않고 그에게 달려들었다.

Buck struck fast and broke the wolf's neck in a single blow.

벅은 재빠르게 공격해 단 한 번의 타격으로 늑대의 목을 부러뜨렸다.

He stood motionless again as the dying wolf twisted behind him.

죽어가는 늑대가 그의 뒤로 몸을 비틀자 그는 다시 움직이지 않고 서 있었다.

Three more wolves attacked quickly, one after the other.

세 마리의 늑대가 잇따라 재빨리 공격해 왔습니다.

Each retreated bleeding, their throats or shoulders slashed.

그들은 모두 피를 흘리며 물러섰고, 목이나 어깨가 베였다.

That was enough to trigger the whole pack into a wild charge.

그것은 무리 전체를 흥분하게 만들기에 충분했습니다.

They rushed in together, too eager and crowded to strike well.

그들은 너무 열의에 차서 몰려들었고, 군중이 너무 많아서 제대로 공격할 수가 없었다.

Buck's speed and skill allowed him to stay ahead of the attack.

벅의 빠른 속도와 기술 덕분에 그는 공격보다 앞서 나갈 수 있었습니다.

He spun on his hind legs, snapping and striking in all directions.

그는 뒷다리를 돌리며 사방으로 몸을 휘두르며 공격했습니다.

To the wolves, this seemed like his defense never opened or faltered.
늑대들에게는 그의 수비가 전혀 열리지 않거나 흔들리지 않는 것처럼 보였습니다.

He turned and slashed so quickly they could not get behind him.
그는 돌아서서 너무 빨리 베어서 그들이 그의 뒤로 돌아올 수 없게 했습니다.

Nonetheless, their numbers forced him to give ground and fall back.
그럼에도 불구하고, 그들의 수 때문에 그는 물러서야 했고 후퇴해야 했습니다.

He moved past the pool and down into the rocky creek bed.
그는 수영장을 지나 바위투성이의 개울바닥으로 내려갔습니다.

There he came up against a steep bank of gravel and dirt.
그는 그곳에서 자갈과 흙으로 이루어진 가파른 언덕에 다다랐습니다.

He edged into a corner cut during the miners' old digging.
그는 광부들이 옛날에 땅을 파던 중에 생긴 모서리에 다가갔다.

Now, protected on three sides, Buck faced only the front wolf.
이제 세 면이 보호받게 된 벅은 앞쪽 늑대만을 마주하게 되었다.

There, he stood at bay, ready for the next wave of assault.
그는 그곳에서 다음 공격에 대비해 궁지에 몰렸습니다.

Buck held his ground so fiercely that the wolves drew back.
벅은 늑대들이 물러설 정도로 사납게 자리를 지켰습니다.

After half an hour, they were worn out and visibly defeated.
30분 후, 그들은 지쳐 있었고 눈에 띄게 패배했습니다.

Their tongues hung out, their white fangs gleamed in moonlight.
그들의 혀가 늘어져 있었고, 하얀 송곳니가 달빛에 반짝였다.

Some wolves lay down, heads raised, ears pricked toward Buck.
늑대 몇 마리가 머리를 들고 벅 쪽으로 귀를 쫑긋 세운 채 누워 있었습니다.

Others stood still, alert and watching his every move.
다른 사람들은 움직이지 않고 경계하며 그의 모든 움직임을
지켜보았습니다.

A few wandered to the pool and lapped up cold water.
몇몇은 수영장으로 가서 차가운 물을 마셨습니다.

Then one long, lean gray wolf crept forward in a gentle way.
그러자 길고 마른 회색 늑대 한 마리가 부드럽게 앞으로
기어나왔다.

Buck recognized him—it was the wild brother from before.
벅은 그를 알아보았다. 아까 봤던 그 야생형제였다.

**The gray wolf whined softly, and Buck replied with a
whine.**
회색 늑대가 부드럽게 징징거리자, 벅은 징징거리며 대답했다.

They touched noses, quietly and without threat or fear.
그들은 조용히, 위협이나 두려움 없이 코를 만졌습니다.

**Next came an older wolf, gaunt and scarred from many
battles.**
그 다음은 나이 많은 늑대 한 마리였는데, 수많은 전투로 인해
수척하고 흉터가 있었다.

**Buck started to snarl, but paused and sniffed the old wolf's
nose.**
벅은 으르렁거리기 시작했지만, 잠시 멈추고 늙은 늑대의 코를
맡았습니다.

**The old one sat down, raised his nose, and howled at the
moon.**
그 노인은 앉아서 코를 치켜들고 달을 향해 울부짖었다.

The rest of the pack sat down and joined in the long howl.
나머지 무리도 앉아서 긴 울부짖음에 동참했습니다.

And now the call came to Buck, unmistakable and strong.
그리고 이제 벅에게 분명하고 강력한 부름이 왔습니다.

He sat down, lifted his head, and howled with the others.
그는 앉아서 머리를 들고 다른 사람들과 함께 울부짖었다.

**When the howling ended, Buck stepped out of his rocky
shelter.**
울부짖음이 끝나자 벅은 바위로 된 은신처에서 나왔다.

**The pack closed in around him, sniffing both kindly and
warily.**

무리가 그의 주위로 모여들어 친절하면서도 조심스럽게
냄새를 맡았다.

**Then the leaders gave the yelp and dashed off into the
forest.**
그러자 지도자들은 비명을 지르며 숲으로 달려갔다.

**The other wolves followed, yelping in chorus, wild and fast
in the night.**
다른 늑대들도 뒤따라서 밤에 사납고 빠르게 울부짖으며
합창했다.

**Buck ran with them, beside his wild brother, howling as he
ran.**
벅은 거친 형 옆에서 그들과 함께 울부짖으며 달렸다.

Here, the story of Buck does well to come to its end.
여기서 벅의 이야기는 마무리되는 게 좋을 듯합니다.

**In the years that followed, the Yeehats noticed strange
wolves.**
그 후 몇 년 동안, 예하트 부부는 이상한 늑대들을
발견했습니다.

**Some had brown on their heads and muzzles, white on the
chest.**
어떤 종은 머리와 주둥이는 갈색이고 가슴은 흰색이었습니다.

**But even more, they feared a ghostly figure among the
wolves.**
하지만 그보다 더 두려웠던 것은 늑대들 사이에 유령 같은
존재가 있다는 것이었습니다.

**They spoke in whispers of the Ghost Dog, leader of the
pack.**
그들은 무리의 우두머리인 유령개에 대해 속삭이듯 이야기를
나누었습니다.

**This Ghost Dog had more cunning than the boldest Yeehat
hunter.**
이 유령 개는 가장 대담한 예하트 사냥꾼보다 더
교활했습니다.

**The ghost dog stole from camps in deep winter and tore
their traps apart.**
유령 개는 한겨울에 캠프에서 훔쳐와서 함정을
찢어버렸습니다.

The ghost dog killed their dogs and escaped their arrows without a trace.
유령 개는 그들의 개를 죽이고 흔적도 없이 화살을 피해 도망쳤습니다.

Even their bravest warriors feared to face this wild spirit.
가장 용감한 전사들조차도 이 거친 영혼에 맞서는 것을 두려워했습니다.

No, the tale grows darker still, as the years pass in the wild.
아니, 세월이 흐르면서 이야기는 더욱 어두워진다.

Some hunters vanish and never return to their distant camps.
일부 사냥꾼은 사라져서 다시는 먼 캠프로 돌아오지 않습니다.

Others are found with their throats torn open, slain in the snow.
어떤 동물들은 목이 찢어진 채 눈 속에서 죽은 채로 발견됩니다.

Around their bodies are tracks—larger than any wolf could make.
그들의 몸 주위에는 늑대가 만들 수 있는 것보다 더 큰 발자국이 있습니다.

Each autumn, Yeehats follow the trail of the moose.
매년 가을이면 예하트들은 무스의 흔적을 따라간다.

But they avoid one valley with fear carved deep into their hearts.
하지만 그들은 두려움을 가슴 깊이 새긴 채 계곡 하나를 피합니다.

They say the valley is chosen by the Evil Spirit for his home.
그들은 이 계곡을 악령이 자신의 집으로 선택했다고 말합니다.

And when the tale is told, some women weep beside the fire.
그리고 그 이야기가 전해졌을 때, 몇몇 여자들은 불 옆에서 울었습니다.

But in summer, one visitor comes to that quiet, sacred valley.
하지만 여름이면 그 조용하고 신성한 계곡을 찾는 방문객이 한 명 있습니다.

The Yeehats do not know of him, nor could they understand.
예하트족은 그를 알지도 못하고, 이해할 수도 없었다.

The wolf is a great one, coated in glory, like no other of his kind.
늑대는 다른 어떤 늑대와도 비교할 수 없을 만큼 위대한 존재로, 영광으로 뒤덮여 있습니다.

He alone crosses from green timber and enters the forest glade.
그는 혼자서 푸른 숲을 건너 숲 사이의 빈터로 들어간다.

There, golden dust from moose-hide sacks seeps into the soil.
그곳에서는 무스 가죽 자루에서 나온 황금빛 먼지가 땅으로 스며든다.

Grass and old leaves have hidden the yellow from the sun.
풀과 오래된 잎사귀가 햇빛으로부터 노란색을 가렸습니다.

Here, the wolf stands in silence, thinking and remembering.
여기 늑대는 침묵 속에 서서 생각하며 기억하고 있습니다.

He howls once—long and mournful—before he turns to go.
그는 돌아서서 떠나기 전에 길고 슬픈 울부짖음을 한 번 울부짖는다.

Yet he is not always alone in the land of cold and snow.
하지만 그는 추위와 눈의 땅에서 항상 혼자 있는 것은 아닙니다.

When long winter nights descend on the lower valleys.
긴 겨울밤이 계곡 아래쪽에 내려올 때.

When the wolves follow game through moonlight and frost.
늑대들이 달빛과 서리 속에서 사냥감을 쫓을 때.

Then he runs at the head of the pack, leaping high and wild.
그러고 나서 그는 무리의 선두로 달려가 높이, 사납게 뛰어오른다.

His shape towers over the others, his throat alive with song.
그의 모습은 다른 이들보다 훨씬 크고, 그의 목구멍은 노래로 가득 차 있습니다.

It is the song of the younger world, the voice of the pack.
그것은 젊은 세계의 노래이며, 무리의 목소리입니다.

He sings as he runs—strong, free, and forever wild.
그는 달리면서 노래를 부릅니다. 강하고, 자유롭고, 언제나 거칠죠.

www.tranzlaty.com